AF280768

# EL CHICO
# DEL EUROMILLÓN

ExLibric

MAMADOU DIALLO

# EL CHICO
# DEL EUROMILLÓN

EXLIBRIC
ANTEQUERA 2024

**EL CHICO DEL EUROMILLÓN**
© Mamadou Diallo
Diseño de portada: Dpto. de Diseño Gráfico Exlibric

Iª edición

© ExLibric, 2024.

Editado por: ExLibric
c/ Cueva de Viera, 2, Local 3
Centro Negocios CADI
29200 Antequera (Málaga)
Teléfono: 952 70 60 04
Fax: 952 84 55 03
Correo electrónico: exlibric@exlibric.com
Internet: www.exlibric.com

Reservados todos los derechos de publicación en cualquier idioma.

Cualquier forma de reproducción, distribución, comunicación pública o transformación de esta obra solo puede ser realizada con la autorización de sus titulares, salvo excepción prevista por la ley. Diríjase a CEDRO (Centro Español de Derechos Reprográficos) si necesita fotocopiar o escanear algún fragmento de esta obra (www.cedro.org).

Según el Código Penal, el contenido está protegido por la ley vigente que establece penas de prisión y/o multas a quienes intencionadamente reprodujeren o plagiaren, en todo o en parte, una obra literaria, artística o científica.

ISBN: 979-13-87528-63-8
Depósito Legal: MA 3012-2024

Impresión: PODiPrint
Impreso en Andalucía – España

Nota de la editorial: ExLibric pertenece a Innovación y Cualificación S. L.

MAMADOU DIALLO

# EL CHICO
# DEL EUROMILLÓN

El chico del Euromillón, 2024. Agradecido eterno a mi ángel de la guarda, mamá Inés.

Antequera es patrimonio mundial y valiente. Ciudad religiosa, con iglesias, alcazaba y mezquitas. Lugar sagrado, mágico, lleno de amor, salud, bendiciones y prosperidad.

Antequera ha ocupado un lugar muy especial en mi corazón. Gracias a Dios, a todos vosotros y a los profetas Jesús y *Muhammad salla allahu Alayhi -wa alaihi Wa sallam Ashhadu-an -la ilaha ila lah-ashadu Anna Muhammadan salla Alayhi -wa alaihi Wa sallam Abduh Wara Luhu.* Amén.

Mis queridos y adorables padres son las personas más dulces del mundo. Que sus almas descansen en paz y que Dios los haga entrar en el paraíso. Amén.

Antequera es el lugar donde llegué hace unos años y donde espero seguir muchos más. Donde me siento un antequerano más, donde pude ser el rey Baltasar para devolver un poco de lo mucho que me han dado las personas que he conocido en Antequera, ciudad religiosa. Donde he encontrado más que amigos, una familia que me abrió sus puertas y sus corazones. Son personas maravillosas. Estoy eternamente agradecido, gracias a Dios y a todos vosotros.

Vivir en Antequera es un paraíso y una bendición. El sol sale desde de la Peña de los Enamorados. Gracias a Dios por iluminar nuestros corazones llenos de amor. Nuestras casas, los edificios están construidos con las bellas piedras de los dólmenes de Menga, Viera y del Parque Natural del Torcal y los cimientos de la Peña de los Enamorados. Antequera no es un lugar de paso, es tu destino.

Gracias a Dios, a vosotros y a mi tutora, mamá Inés. Siempre agradecido y honrado a la Peña de los Enamorados.

*Ashadu -An- la ilaha ila allah Wa ash hadu Anna Muhammadan salla Alayhi -wa alaihi Wa sallam adujo Wa rasulu.* Amén.

Padre Ramón es el mejor pintor del mundo; la princesa Lidia, la mejor estudiante de Arquitectura de la Universidad de Sevilla. El profesor Ricardo y su mujer, Mamen, y sus hijos, José y su mujer, Inma, Fabiola, Ángel, Ana del Mar y María, Vanesa, Zimba.

Cuando acariciamos a Diva, podemos saber que el mundo está conectado.

*Ashadu-an-la ilaha, Wa ashadu -anna- Muhammadan Salla Allahu Alayhi -wa alaihi wa sallam»*, «*adujo Wara suluju*. Amén. Testifico que no hay otra divinidad sino Alá. A través de este simple pero básico testimonio, muchas personas se entregan enteramente a Alá.

Todas las alabanzas son para Dios, señor de todo cuanto existe, el compasivo, el misericordioso. Soberano absoluto el día del juicio final. Solo a ti te adoramos y solo de ti imploramos ayuda. Guíanos por el camino recto, el camino de los que has colmado con tus favores, no el de los que cayeron en tu ira, ni el de los que se extraviaron. Amén.

Antequera es el corazón de los andaluces. Los dólmenes de Menga y Viera, el Parque Natural del Torcal y la Peña de los Enamorados son paisajes fantásticos.

Antequera es amor, que llega directamente a nuestro corazón. Antequera es la religiosa y la tierra prometida de Dios. Es una ciudad única, de gran belleza y dinámica. Las antequeranas y los antequeranos son los más admirados, más atractivos, más valiosos y vivos.

Iglesias, alcazaba, mezquitas, casas, edificios, biblioteca, ayuntamiento, CEAR, oficina de empleo, oficina de extranjería, notaría, *El Sol de Antequera*, editorial ExLibric, Prolibertas, servicios sociales, comedor social, sanitarios de Cruz Roja, bomberos, policía local y nacional, juzgados, institutos, universidad, colegios, restaurantes, casa juvenil, plaza de San Sebastián, museos, plaza de toros, hoteles, hostales, hospitales, centro de salud, supermercados, tiendas, ferreterías, empresas Toldos Juan del Río y Marpa Decoraciones, parques, carreteras, campos de fútbol...

Vivir en Antequera es una lluvia de abundancia, de bendición de Dios, amor de Dios desde nuestros corazones.

Buenos días a todos y todas ustedes. Un cordial saludo a su excelencia el señor alcalde del Ayuntamiento de Antequera, Manuel Jesús Barón, y sus excelencias Victoria Ortiz Jiménez y Victoria Barón. Durante su mandato (2015-2019), la ciudad de Antequera ha logrado ser reconocida por la UNESCO como patrimonio mundial. Este hecho ocurre en el cuarenta aniversario de la sesión del Comité de Patrimonio Mundial de la UNESCO celebrado en Estambul.

Sus concejales, José Medina Galeote, María Sierras, Antonio Mendoza, Ana Cebrián, Jesús, Alberto, la Policía Local y la Policía Nacional, bomberos, servicio técnico, sanitarios de Cruz Roja, protección civil y voluntarios.

*El Sol de Antequera*: Antonio Guerrero, Daniel Herrera, Lorena Sánchez.

Onda Cero, *Más de Uno*: ciudad única, adorada, más viva, atractiva, maravillosa, amable, simpática y especial. Antonio Jesús Palomo Domínguez, María Rosales, Paco, María.

RTVE (Radio y Televisión Española): a todos los trabajadores.

Los 40: Cristina Boscá, Daniel Moreno (el Gallo), Toni Aguilar, David Álvarez, Cris Regatero y todos los trabajadores.

La música nos hace viajar a otro planeta desde la Peña de los Enamorados.

Andalucía Directo: Cristina Gil, Sandra Pérez, Antonio Pavón, Modesto Barragán.

Jesús Calzada: sorprende con su interpretación de la Real Feria de Agosto de Antequera de 2024.

En su propio cartel: «La visión de las fiestas veraniegas por parte del artista Jesús Calzada en la ciudad donde nació, con los dólmenes y la Peña de los Enamorados como referencia. El propio Calzada ha protagonizado la presentación en sí y la autoría de la obra: un canto a la Real Feria en Antequera, representada como un sol de historia en el entorno único y privilegiado del sitio de los Dólmenes de Antequera».

Es la mejor feria del mundo. Gracias a Dios, a su excelencia Manolo Jesús Barón, a todos vosotros y a mi ángel de la guarda, mamá Inés. Siempre agradecido y honrado a la Peña de los Enamorados.

La regidora de la Real Feria de Agosto de Antequera 2024 fue María José Mazuela Báez, y el pregonero, Manolo Cortés Sánchez.

Abogados, abogadas, trabajadores sociales, centro CEAR, Cristina Carmona, Andrea Miguel, Mahamani, Alba, Olga, Caridad, Comisión Española de Ayuda al Refugiados, los trabajadores de servicios sociales, Servicio Andaluz de Empleo. Edificio San Luis, unidad de orientación profesional Andalucía Orienta, Ayuntamiento de Antequera.

Gracias a Rafael, Queti, Gloria, Carmen, Encarni, Rosario, Manolo, David, Miguel y Pedro. A Antequera Acoge, a Prolibertas, a las señoritas Rocío y María, y a Javi y Enrique.

Gracias a los voluntarios y voluntarias del comedor social Acción Social Integrada para la Solidaridad: Laura y sus padres, Luis e Isabel, Ángel, Antonio Guerrero, Pablo y su madre.

A mis profesores de la escuela taller de energías renovables en el centro de formación Henchidero: el maestro Fernando González Sánchez y su familia, abuela Carmen, las señoritas

María José, Ainhoa, Ada, Julia Elena, Rita, Blanca, Remedios, Pedro, Paco y abuelo Fernando, que su alma descanse en paz y que Dios lo haga entrar en el paraíso. Amén.

Al maestro Juan Antonio Jiménez y su familia, Elena, Antonio. A las señoritas Asu, Reme, Rocío y Ana. Y a mis compañeros y Nacho (Bigote), que su alma descanse en paz y que Dios lo haga entrar en el paraíso. Amén.

A José Manuel, de Recursos Humanos del Ayuntamiento de Antequera, y a su familia, su madre y Alberto.

Gracias a mis profesores del instituto Pedro Espinosa: Ana, Rafa, Teresa, Paloma López, Miguel Arjona. A mis compañeros de las aulas. A mis compañeros de fútbol.

A los trabajadores de la Biblioteca Supramunicipal San Zoilo, a su excelente Narciso Conde, director de la biblioteca. Gracias al excelentísimo Ayuntamiento, al señor alcalde Manuel Jesús Barón y a la Diputación. A su familia, las señoritas Victoria Ortiz Jiménez y Victoria Barón, y a sus concejales, José Medina Galeote, Sara Ríos, Alberto, Marta, Ana Cebrián, Jesús, Antonio García Mendoza, Pablo.

Gracias a las señoritas Asu, Carmen, Teresa, Beatriz, y al señor Diego.

A las empresas de Antequera Toldos Juan del Río y Marpa Decoraciones; somos los mejores instaladores de protección solar, manual y motorizado.

A su familia, las señoritas María José, Paola. El profesor Marco, en La Salle Virlecha. Mis compañeros: Álvaro, Manuela y su novia, Rocío.

Usted, Paco, es el mejor pintor de los cuadros de concertinas. Me han regalado un cuadro, *Mamadou valiente concertinas Dia 3 T 2019*.

La imprenta Afil.Be es la mejor imprenta del mundo: Manolo, Maite y sus hijos, Manuel y Alberto. Las señoritas Pilar y Tali.

Mis peluqueros Pedro, Juanma y Kiko, de New Code: the barber siete bolas, cuevas bajas: José Manuel Cobos Ramírez y su mujer son los mejores peluqueros del mundo.

Manolo, el cuponero de la ONCE, y Estefanía, la cuponera. Orlando, Karen.

Gema Tranquilo Moreno, Javi Tranquilo Moreno, Alfredo Tranquilo Moreno, Tilico Hinojosa Tranquilo, Gemita Hinojosa Tranquilo, Alba Velasco Hinojosa, Julio Hinojosa Martínez.

Malaje Vip Club: Menecio, Koki, Dj Castro, Gema. Gracias a todos los trabajadores.

Le Bistrot: Agustín, Carmen, Desirée.

Mis profesores de la autoescuela Torcal Formación, la maestra Isabel, Javi García Leiva, David, Pilar e Inma. Son una familia de corazón, son los mejores y gente maravillosa.

EL CHICO DEL EUROMILLÓN

Gracias a mi editorial favorita, ExLibric, y a su director, Carlos Torres, a Carlos, Cristina, María, Ismael, Raquel Lara. A todos los trabajadores.

La gente de España es muy amable, simpática y especial siempre. España es el mejor país para ayudar a los inmigrantes del mundo.

Muchas gracias por todo, estoy eternamente agradecido a todos los andaluces. Dios os bendiga, os proteja y os dé larga vida, prosperidad y salud a todos. Amén.

Los profetas: Jesús, Muhammad: *salla allahu Alayhi -wa alaihi wa sallam*. Nos han enseñado las palabras clave para entrar en nuestro paraíso más hermoso en el séptimo cielo: *La Ilaha, Ila Lah*.

Cada individuo nace en el estado natural del islam, que es la sumisión a Alá.

Explicó que cada ser humano es creado a imagen de Dios, con su espíritu destinado a Él, aunque a medida que crecen, las influencias sociales y los prejuicios distorsionan esa fe inicial. Nos enseñó a sus seguidores a creer en un único Dios, compartimos con los profetas Adán, Noé, Abraham, Moisés, David, Salomón y Jesús *Muhammad salla allahu Alayhi -wa alaihi Wa sallam*, deseándoles paz. Los honró como verdaderos profetas, mensajeros y siervos del todopoderoso Dios, sin establecer jerarquía.

Además, nos enseñó que la Torá (Antiguo Testamento), el Zabur (Salmos) y el Inyil (Evangelio cristiano) comparten un origen común con el libro sagrado Corán, todos revelados por Alá, ángel Gabriel.

A pesar de ser analfabeto, el profeta Muhammad profetizó con precisión eventos futuros que se han cumplido. Sus predicciones abarcan disciplinas como ciencia, medicina, biología, embriología, psicología, metrología, entre otras. Asimismo anunció hechos del pasado que se confirman en el futuro, manifestando una verdad incuestionable.

Su principal objetivo fue unir a la humanidad en la adoración al único Dios, tal como lo practicaron los profetas, con el propósito de inculcar códigos morales y de excelencia establecidos por Alá.

Sus luchas se centraron en el entendimiento y la aplicación de estas enseñanzas para alcanzar la paz y la coexistencia. Estas enseñanzas permiten a los seguidores del islam llevar una vida sana y plena, tanto en el presente como en el más allá.

## El islam y la mujer

En el islam se considera que hombres y mujeres poseen naturalezas distintas y, por ende, desempeñan roles singulares.

Honrar y respetar a la mujer en el islam es un signo de buen carácter y una naturaleza auténtica.

El mensajero de Allah Muhammad: *salla allahu Alayhi -wa alayhi Wa sallam*: «El mejor entre vosotros es aquel que trata mejor a su mujer» (Tirmidhi).

La mujer es la primera persona a la que se debe tratar con corrección y respeto.

Abu Hurairah (que la paz sea con él) relató:

> *Un hombre se acercó al profeta Muhammad y le preguntó:*
> *—¡Oh, Mensajero de Alá! ¿Quién merece más mi buen trato y compañía?*
> *El profeta Muhammad le respondió:*

—*Tu madre.*

*El hombre preguntó nuevamente:*

—*¿Y luego quién?*

*Le dijo:*

—*Tu madre.*

*Y preguntó de nuevo:*

—*¿Y después quién?*

*El profeta Muhammad dijo: «+*

—*Tu madre.*

*Y una vez más preguntó:*

—*¿Y después quién?*

*El profeta Muhammad dijo:*

—*Tu padre.*

La mujer es igual al hombre en su humanidad, no es la fuente ni la razón por la cual Adán fue expulsado del paraíso.

En el islam, la mujer no pierde su nombre o apellido de soltera después del matrimonio. Su identidad no se desvanece ni se mezcla con la del hombre.

La mujer es igual al hombre en lo que respecta a la recompensa y el castigo de Alá en esta vida y en la otra.

La mujer es igual al hombre en cuanto a la obligación de apoyarse mutuamente para reformar la sociedad.

Los profetas, Jesús, Muhammad, nos enseñan amor de Dios, compasión, tolerancia, las oraciones y perdón. Con muchísima fe, devoción, paciencia, constancia y determinación, confía plenamente en Dios.

¿Qué es hadiz en el islam? Un hadiz es un registro de las acciones, palabras y atributos del profeta Muhammad. En el islam, estos relatos son considerados la fuente esencial de orientación y dirección para la humanidad, en conjunto con el libro sagrado del Corán, que es un libro que detalla la gloria de Alá y se maravilla de su creación, también es testamento de su misericordia y justicia.

El libro sagrado del Corán es el más grande regalo de Alá para la humanidad, nos conduce al paraíso. Contiene las respuestas a los misterios de la vida.

El islam es una religión, una forma de vida que inspira a la humanidad a esforzarse, a ir más lejos, a actuar de una manera que sea agradable a quienes nos rodean y, más importante aún, que agrada a su creador.

La humanidad siempre busca ser alegre, feliz, positiva y estar en paz. Estas son las enseñanzas de los profetas Jesús y Muhammad *salla allahu Alayhi -wa alaihi Wa sallam.*

Pues todos los mandamientos de Alá tienen como objetivo brindar felicidad a la humanidad. La llave de la felicidad es entender y adorar a Alá.

El profeta Muhammad dijo: «¡Sin duda, son maravillosos los asuntos de los creyentes! Todo es para su beneficio. Si se le concede la facilidad, es agradecido y eso es bueno para él; y si se aflige con dificultades, es perseverante, y esto también es bueno para él».

Escuchar implica sumergirse en lo que la humanidad desea comunicar, permite que exprese, observa sus gestos, asentir con la cabeza y crear un ambiente cómodo y relajado, entre otros gestos. El motivo por el cual Alá nos otorgó dos oídos y una boca es para escuchar el doble de lo que hablamos. Escuchar adecuadamente es un recurso atractivo, valioso y fundamental en las relaciones personales.

Nuestros ilustres profetas Jesús y Muhammad *salla allahu Alayhi -wa alaihi Wa sallam* eran conocidos por escuchar más de lo que hablaban, reservando sus palabras para los momentos necesarios. Umar ibn al-Jattab adopta un comportamiento similar, escuchando los problemas de diversas tribus antes de tomar decisiones.

Ser el último en hablar transforma tu perspectiva de la vida. Nos permite comprender las cosas de manera más profunda.

Tener una fuerza interior puede ayudarnos a salir airosos de cualquier situación desfavorable. También puede ayudarnos a evolucionar como personas y seguir creciendo mientras sorteamos los obstáculos.

Si antes del fracaso te levantas una y otra vez, si tienes la capacidad de trabajar duro para conseguir tus metas, si nada te detiene hasta obtener lo que deseas, entonces ¡enhorabuena! Tu fuerza interior es realmente poderosa.

El deseo de paz interior debe ser parte de nosotros, y al lograr ese estado de paz y tranquilidad, seremos mejores seres humanos y adoradores de Alá.

En este estado de tranquilidad se incluye ser constante y sincero en las oraciones, Dhikr, leer el libro sagrado del Corán con regularidad, buscar el perdón de Dios con frecuencia y expresar constantemente las gratitudes. Al final del día, cuando busquemos recordar a nuestro creador, Él nos recordará.

En el libro sagrado de la humanidad está escrito que «cuando mis siervos te pregunten por Mí, estoy cerca y respondo a la oración de quien me invoca. ¡Que me escuchen y crean en Mí! Así serán bien dirigidas».

El zakat es obligatorio para la caridad. Derivado de la palabra árabe que significa «pureza» o «purificar», representa un acto fundamental de caridad entre las personas, en conjunto con la oración, el ayuno de Ramadán, la peregrinación (Hajj) y la creencia en un único Dios y mensajeros Jesús y Muhammad *salla allahu Alayhi -wa alaihi Wa sallam: Ashadu-an -la ilaha Wa ashadu Anna Muhammad salla allahu Alayhi -wa alaihi Wa sallam: Adujo Wa rasulu.* Amén.

El zakat es uno de los pilares esenciales de la humanidad. En el libro sagrado del Corán se establece en el versículo 2:110: «Establecidos la oración y dar el zakat; todo bien que hagáis redundaría en vuestro propio beneficio y, ciertamente, Allah ve bien lo que hacéis».

El acto de pagar el zakat no solo purifica la riqueza, sino que también actúa como un recordatorio constante de las obligaciones de caridad y justicia sociales dentro de la comunidad, en un símbolo de solidaridad y el cuidado mutuo en la práctica de la humanidad.

El zakat representa un compromiso vital dentro de la humanidad, fomentando la justicia social y la asistencia a las necesidades como parte integral de la fe.

Valoramos el tiempo y la salud en todo lo que hacemos: es importante que la humanidad conozca y valore sus tiempos, y la salud es la vida. La humanidad no debería malgastar su tiempo en cosas que no la acerquen hacia Alá, en cosas que no redunden en un beneficio para su pueblo, su sociedad. Las cosas deben ser ordenadas de acuerdo con su nivel de importancia.

Los antequeranos y antequeranas solían aprovechar cada momento de su tiempo y salud para los beneficios de nuestra comunidad.

El tiempo se nos escurre de las manos como granitos de arena y ya no vuelve. Quienes usan el tiempo sabiamente desde una edad temprana tienen la recompensa de una vida rica y productiva. Quienes jamás han conocido el principio de que «dormir el tiempo es dominar la vida» nunca llegarán a ser conscientes de su enorme potencia humana.

El tiempo y la salud es igual. Tienen el mismo tiempo y salud. Alá fue equitativo con esto para todos. La cuestión es cómo usamos nuestro tiempo y nuestra salud en esta vida, eso es lo que marca las grandes diferencias entre todas las personas.

Recordamos una cosa: «Nadie puede comprar el tiempo y la salud, nadie puede renovar el tiempo; el tiempo y la salud son únicos en cada minuto y segundo».

Uno de los métodos en la organización adecuada del tiempo para las personas del mundo es levantarse pronto y dormir temprano, pues las horas del día están llenas de bendiciones.

Comenzar el día con la oración (Salat al Fayr) y la súplica (Du'a, Astak Firulay, Ayat Al Kursi) de la mañana atraen sobre la humanidad el favor de Alá.

Las personas deben tener siempre en mente que cada tarea tiene su tiempo y su salud. Si realizan cada tarea en su debido tiempo, conlleva la salud, la paz y el confort espiritual.

Comenzamos a gestionar mejor nuestro tiempo y la salud en cosas importantes para la vida y la familia.

Recordar a Alá a diario nos permitirá recordar que el tiempo y la salud son finitos, que el tiempo y la salud tienen un fin. Eso nos ayuda a darles importancia a las cosas que importan y a dejar las cosas que malgastan el tiempo y la salud.

El Adhan es la oración que convoca a los fieles del mundo a realizar el Salat, oraciones obligatorias. Realiza esta llamada el almuédano, designado por la comunidad gracias a sus habilidades.

Durante el día se realizan cinco llamadas a la oración: al amanecer, al mediodía, por la tarde, al atardecer y por la noche. Los horarios varían según la época del año, ligados a la salida y puesta del sol. En todas las iglesias y las mezquitas se muestran los horarios de los rezos.

El Adhan surgió por la necesidad de reunir a la humanidad para cumplir con sus deberes religiosos. Tuvo origen y forma: los profetas Jesús y Muhammad *salla allahu Alayhi -wa alaihi Wa sallam Ashadu-an -la ilaha ila lah Wa ashadu Anna Muhammad salla allahu Alayhi -wa alaihi Wa sallam Abduh Wara Luhu.* Amén.

Instruyó el llamado a la oración a través de una visión. Abdullah Said relató un sueño en el que se presentó un hombre con una campana, revelándose un método alternativo. Confirmó la validez de esta visión e instruyó a Bilal, cuya voz era más resonante para realizar el Adhan.

Esta llamada a las oraciones no fue una invención de la humanidad, sino una visión concedida por Alá a dos grandes *sahaba,* confirmada y establecida por sus profetas Jesús, Muhammad *salla allahu Alayhi -wa alaihi Wa sallam Ashadu-an -la ilaha Wa ashadu Anna Muhammadan Abduhu Warasuluhu.* Amén.

Empezamos las oraciones:

*Allahu Akbar:* Dios es grande. Levantamos los brazos.

El inicio *Al fátiha:*

1. En nombre de Dios, el compasivo con toda la creación, el misericordioso con los creyentes.
2. Todas las alabanzas son para Dios, señor de todo cuanto existe.
3. El compasivo, el misericordioso.
4. Soberano absoluto del día del juicio final.
5. Solo a ti te adoramos y solo de ti imploramos ayuda.

6. ¡Guíanos por camino recto!

7. El camino de los que has colmado con tus favores, no el de los que cayeron en tu ira, ni el de los que se extraviaron. Amén.

A inclinamos: *Allahu Akbar.*

*Subhana Rabil 'Al, -azem* (tres veces): Alá me ha entendido.

Y la prosternación: *Subhana Rabbal a'la* (tres veces).

Después, la parte alta de la cabeza tocando el suelo: *Allahu Akbar.*

Y luego nos enderezamos, *«Rabbi ighfir li, Rabbi ighfir li»*: Alá, perdónanos todos nuestros pecados, por favor.

Recordamos a Alá en nuestros corazones, en paz, amor, perdón de Dios. Sentimos fe y devoción, paciencia, constancia del amor a Dios.

Dios envía tus bendiciones sobre Muhammad: *salla allahu Alayhi -wa alaihi Wa sallam Ashadu-an -la ilaha Wa ashadu Anna Muhammadan Abduhu Wa Asu Luhu.* Amén.

*Assalamu alaikum wa Rahmatullahi Wa barakatuh:* (Astak Firulay, leer Ayala kursi): Glorificamos a Dios, pedimos su perdón, paz, bendiciones a toda la familia.

Es una parte importante de las oraciones, es una forma de recibir bendiciones. A aquel que invoca la misericordia de Dios, este enviará una abundancia de amor y perdón, protección y bendiciones.

El viernes, día de la Yumu'ah: *Assalam alaikum wa Rahmatullahi:* que la paz sea con toda la humanidad del mundo.

Es mejor ir a la mezquita a rezar junto con otros. Solo con aprender una cosa más cada día es una posibilidad de mejorar la vida.

Añadir en las oraciones del viernes: «No hay fuerza ni poder salvo en Alá».[1]

«Y atestiguamos que no hay Dios salvo Alá, único, sin asociados con él, y que Mohammad es un siervo y su mensajero y el islam como religión».[2] «Dijimos luego de las atestiguaciones de fe del Muecín».[3]

Pedimos bendiciones sobre el profeta (la paz y las bendiciones de Alá sean con él) luego de responder a la llamada del muecín.[4]

Decimos: «¡Oh, Alá! Señor de esta llamada perfecta y de esta oración establecida, concede a Muhammad al-Uasila (una estación del paraíso), ual-fadila (rango por encima del resto de la creación), y concédenos su intercesión que le has prometido, tú no faltas jamás a tus promesas».[1]

Luego suplicamos y pedimos por ti, mamá Inés, y por los antequernos y antequeranas, durante el tiempo entre el Adhan y el Iqamah, ya que en ese lapso ningún Du'a es rechazado.

Después del *takbir*, dijimos: «¡Oh, Dios mío! Aleja los pecados de mí, tanto como has distanciado el este del oeste. ¡Oh, Alá! Purifícanos de nuestros pecados como se purifica el vesy blanco de la suciedad. ¡Oh, Señor! Límpianos de nuestros pecados con nieve, agua y granizo!».[3] En el nombre de Dios, el compasivo, el misericordioso.

Suplicamos al entrar a la mezquita: entramos la pierna derecha primero, después decimos «Alá, el Magnífico, en su rostro generoso y en su eterno dominio del maldito demonio». «En el nombre de Alá».[1] «La paz y las bendiciones de Alá sean con su Mensajero».[2] «¡Oh, Alá! Ábreme las puertas de tu misericordia».

Suplicamos al salir de la mezquita, salimos con la pierna izquierda. «En el nombre de Alá y la paz y las bendiciones de Alá sean con el Mensajero de Alá. ¡Oh, mi señor! Ciertamente te pido tu favor. ¡Oh, señor! Protégenos de Sheitán el maldito».

Fui a Málaga el 1 de octubre de 2024. Registro Territorial de la Propiedad Intelectual de Andalucía.

He conocido a las señoritas Paula, Eva, Carmen, María José y a todos los trabajadores. Son muy amables, simpáticos y especiales.

España es el mejor país para ayudar a los refugiados del mundo. Dios nos bendiga y nos proteja, nos dé larga vida y prosperidad, y salud a todos vosotros. Gracias a Dios. Amén. Estoy eternamente agradecido a Dios y a todos los andaluces.

A Leer (Sura Alkaf la cueva, y la vaca ALiF LAM MiM) Sea una Letra sino ALiF es una Letra, LAM es una Letra, Y MiM es otra Letra.

*Hasbunallah Anime Kawaii: Ayat Al Kursi:* su significado es «Dios es suficiente para toda la humanidad y Él es el mejor dispuesto de los asuntos».

El libro sagrado del Corán: «Alá tiene una buena acción por estos y una buena acción cuenta» (diez veces). Figura también la importancia de ir a la mezquita los viernes: «¡Creyentes! Cuando se llama el viernes al azalá, corremos a recordar a Alá, y ¡dejad el comercio y el trabajo!».

En el libro sagrado del Corán 62:9, el profeta Jesús Muhammad les dijo a sus seguidores: «*Salla allahu Alayhi -wa alaihi Wa sallam Ashadu-an -la ilaha Wa ashadu Anna Muhammadan Abduhu Warasuluhu*». Amén.

Las cinco oraciones diarias, y la oración del viernes hasta la siguiente, sirven como expiación por cualquier pecado que se haya cometido entre ellas, a condición de que uno no haya cometido ningún pecado mayor.

Recordamos decir las súplicas (Du'as) Astak Firulay; Ayat Al kursi; Allahu akbar. Glorificamos a Dios, cuando entramos en la mezquita y cuando salimos.

En el mundo, la oración se erige como el pilar con más significado después de la declaración de fe. Es la primera responsabilidad que se evaluará el día del juicio. La oración fue una fuente de deleite para todos los profetas: Abraham, Moisés, David, Salomón, Jesús, Muhammad. A lo largo de su vida, incluso durante la enfermedad que precedió su fallecimiento, a pesar del dolor y el sufrimiento, instó y recomendó con énfasis continuar con la oración.

Un *salam*, que Allah esté complacido con ella, relató que uno de los últimos consejos del profeta Jesús Muhammad fue: «La oración, la oración, y todo lo que poseas». Repitió estas palabras hasta que un sonido gutural se escuchó en su pecho y no pudo continuar hablando (Ahmad).

Ali, que Allah esté complacido con él, mencionó que las últimas palabras del profeta Muhammad fueron: «Oraciones, oraciones y todo lo que poseas» (Abû Dâwûd).

Al-sindi afirmó: «Las últimas palabras indican las últimas enseñanzas relacionadas con las normas religiosas». Sin embargo, sus palabras finales fueron junto a los profetas Abraham, Moisés, David, Salomón, Jesús, Muhammad *salla allahu Alayhi -wa alaihi Wa sallam Ashadu-an -la ilaha ilalah Wa ashadu Anna Muhammadan Abduhu Warasuluhu*. Amén. «Los veraces, los mártires y los juntos. ¡Qué maravillosos compañeros son!». La importancia de realizar diligentemente y sin distracción.

La frase «todo lo que poseas» tiene diversos significados: podría referirse al dinero, implica el cumplimiento de las obligaciones financieras. También recomiendo tratarlos con justicia social y otorgarles sus derechos.

Las últimas palabras de los profetas subrayan la trascendencia de la oración y la responsabilidad inherente en nuestros bienes y posesiones, enfatizando la importancia de practicar la religión con diligencia y tratar a los demás con equidad y bondad.

Estas enseñanzas finales ofrecen una guía atemporal para la humanidad en su vida diaria. El mundo está en extrema necesidad, principalmente Ucrania y Gaza.

Allahu Akbar: Dios es grande. Salvar vidas es una verdadera victoria, somos héroes. Cuando todo el mundo sale corriendo, entramos a salvar vidas. Luchamos contra el tiempo para salvar más vidas en Ucrania y Gaza. Ver lo que está pasando en Ucrania y Gaza nos rompe nuestros corazones.

Gracias a Dios y a vosotros. Nos entregamos cada día para guiar nuestros pasos. Llena de tu paz, amor, alegría, perdón y sabiduría para que el mundo tome decisiones correctas para la paz. Te pedimos tu misericordia para el mundo, especialmente para Ucrania y Gaza, donde hay un montón de muertos, tristeza, dolor y angustia. Tenemos muchísima fe, confiamos plenamente en Ti, te imploramos tu paz y bendiciones y bondadoso amor. Amén.

Cogí un barco desde Marruecos al mar Mediterráneo: es desafiante, solitario, frustrante y aterrador. La mañana se me hizo muy corta, la vida es muy limitada, hay tanto silencio bajo el agua.

En Nador, al otro lado del mundo, navego sin experiencia, hasta llegar a mi ángel de la guarda, mamá Inés, soportando las incomodidades de la vida en alta mar, disfrutando el triunfo de luchar y vencer las adversidades.

Mi ángel de la guarda y tutora, mamá Inés, es extraordinaria, valiente, luchadora, campeona, inteligente, increíble. Es una persona maravillosa.

Aquel encuentro era una señal, no fue la casualidad, era el destino: quedarme para siempre con mi ángel de la guarda y tutora, Inés. Ella es una persona especial, estar con ella es protección y seguridad.

Somos un tesoro que cayó desde el cielo en la villa romana de la Estación. Estamos listos para guiarnos en la Peña de los Enamorados, que es el lugar más hermoso del mundo, es un paraíso. Estamos en las alturas de las leyendas.

La vida es un examen. Para participar en Eurovisión tenemos que hacerlo todo muy bien. Nuestra prioridad es vivir día a día. Mi ángel de la guarda, mamá Inés, me dijo que no tenga prisa para no perder el pequeño placer de la vida. Hay que ir a paso de camaleón.

Me enseñó la fuerza, el coraje, la valentía de un león y a hablar en primera persona. Me decía: «Chico del Euromillón 2024, siempre agradecido y honrado a la Peña de los Enamorados, para ser felices hay que tomar decisiones muy importantes, ser educado, disciplinado. Tienes que estudiar, como para participar en Eurovisión. No hay que perder el tiempo, vale mucho. Trabajar duro siempre funciona, no escuches a los detractores. Rezar, estudiar, formarte. Tienes tu trabajo, tu ordenador para escribir libros, tu música y tu comida. Tiene tus papeles, tu casa. Disfrutaremos la vida, es bella. El presente es nuestro dueño».

Buscar enamorarse de una mujer valiosa y de valores infinitos es mejor y vivirlo es bellísimo. Somos los olivos de Nuestra Señora de los Remedios que dan aceite desde DCOOP.

Nuestra comida más importante del día es el desayuno. Los molletes de Antequera, las porras antequeranas y el agua del Torcal nos dan la vida.

Todos los que están en Antequera tienen sus propias historias de amor.

Brindamos por el amor, la paz, la alegría, el agua, el viento y la música, que nos hacen viajar en libertad.

Mi ángel de la guarda, mamá Inés, me enseñó que la confianza y el buen hacer pueden salvar el mundo. Ella me dijo que hay más oportunidades para todos y todas de forma universal.

Estoy orgulloso de nuestro éxito, se lo debo a su ayuda y su confianza. Ella me dijo que la victoria está vacía sin humildad y respeto.

Me alegro mucho de haber tenido la oportunidad, gracias a Dios y a vosotros, de conocerla, sus valores infinitos, su respeto, admiración y su confianza y belleza. Me cambió desde de mi cabeza hasta mis pies, es un cambio maravilloso.

Ella tiene la respuesta, llena de energía positiva, de alegría, salud, prosperidad, bondad. Mi ángel de la guarda, mamá Inés, tiene un buen corazón, no cabe en su pecho, ha dado sentido a mi vida, gracias a Dios y a vosotros.

Gracias a Dios, ella siempre está preocupada por ayudar a los demás, es única. Me ha dado su corazón, su respeto, admiración, bondad, todo lo que tenía. Es un sol que brilla en el cielo hasta la Peña de los Enamorados.

Observar y escuchar es nuestra especialidad. La energía de la Peña de los Enamorados nos ha transformado, llena de aire y amores infinitos.

Es deslumbrante y magnífica.

Antequera es una ciudad de inspiraciones, fantástica, es amor. Cantamos flamenco y bailamos, es maravilloso. Y el paisaje de Antequera es un paraíso. Gracias a Dios y a su excelencia Manolo Jesús Barón y su equipo por darnos el reconocimiento de patrimonio mundial de la UNESCO.

*Ashadu -An- la ilaha ila lah Wa ashhadu anna Muhammadan sallam Alayhi -wa alaihi Wa sallam adujo Wa rasulu.* Amén.

España es un país muy grande y tiene los mejores reyes y princesas del mundo, y el mejor Gobierno. Su gente es maravillosa. La biblioteca municipal de Antequera San Zoilo es un lugar inspirador, espiritual, increíble, lleno de sabiduría con sus libros de todos los escritores del planeta.

El sol sale por Antequera para iluminar sus iglesias, la alcazaba, la real colegiata Santa María y la mezquita. Sus ríos, agua que nace en el Torcal, nos dan la vida. Sus parques para los niños y niñas, y para que los adultos hagan deporte, la Atalaya y los jardines del paseo Real, llenos de árboles y flores bonitas. Es un lugar muy inspirador e increíble. Antequera tiene muchas calles, cada una con sus propias historias que cobran vida al caminar por ellas.

Hay muchos coches, motos, electricidad, y bicicletas y patinetes. No tengo miedo de cruzar la calle, regulada con un semáforo, y afortunadamente hay agentes que regulan en la entrada de los colegios e institutos. Luz verde, el camino abierto; luz roja, nadie se mueve. Hay gente de todo el mundo.

Nos encanta reunirnos en la piscina municipal Fernando Argüelles de Antequera, tiene instalaciones cómodas y sombrillas para descansar. El agua de la piscina es refrescante, las familias que vienen a pasar el día con los niños y niñas están muy contentas y cómodas.

Más lejos de las montañas se ve la Peña de los Enamorados.

Mi ángel de la guarda, mamá Inés, me dijo: «Tienes miedo del agua». Recordaba cuando estaba dentro de una patera en el mar Mediterráneo. Me propuso que había que dar lecciones de natación.

El monitor de natación se llama Jose. Me dijo: «Primero la cabeza en el agua durante unos segundos. Ahora llena tus pulmones de aire y acuéstate en el agua, necesitas estar tranquilo y relajado y sentir que el agua te lleva a la altura de la Peña de los Enamorados». Y repito los consejos del monitor, necesito estar relajado y sentirme que estoy flotando. «Luego vuelve a la posición vertical, es la hora de recuperar el aliento y comenzar un nuevo ejercicio».

Todos ustedes me han cambiado desde mi cabeza hasta mis pies. Antequera es la tierra prometida de Dios, *Ashadu -An- la ilaha ila lah Wa ashhadu anna Muhammadan sallam Alayhi -wa alaihi Wa sallam adujo Wa rasulu*. Vivir en Antequera es una lluvia de bendiciones, amor, salud, paz y prosperidad.

Somos los reyes del continente europeo: cuatro euros por una copa y queremos más.

El domingo 14 de julio de 2024 vivimos el partido en el paseo real, en una pantalla de televisión grande, con música y bailes. Nuestra selección de fútbol es la mejor y nos ha enseñado el espíritu de equipo, nos ha dado la mejor versión de España. Aquella noche fue histórica, inolvidable. Estamos orgullosos de nuestra bandera.

Gracias a Dios por todo, a los antequeranos y antequeranas, por ese momento grande, inolvidable, por esos recuerdos.

Vivir en Antequera, tierra prometida de Dios, ciudad religiosa, es un sueño hecho realidad. Estoy en mi casa. Todos los enamorados de la Peña de los Enamorados nos miran, somos antequeranos. Nos quieren a través de nuestra inocencia. Mi ángel de la guarda, mamá Inés, es de mediana edad, con espíritu joven, valiente, luchadora, campeona, inteligente, espiritual, increíble. Es magnífica y genial. Me inspira mucho valor y fuerza para seguir avanzando en la vida.

Estoy muy orgulloso de vosotras y vosotros, me siento antequerano y español. Todos me quieren, somos una familia. Os tengo en un lugar muy especial en mi corazón para siempre.

De origen guineano, orgulloso de ser el chico del Euromillón 2024, de mi ángel de la guarda, mamá Inés. Mis queridos y adorables padres, que sus almas descansen en paz y Dios los haga entrar en el paraíso. Amén.

Estoy eternamente agradecido a todos los andaluces, la gente de España es muy amable y muy simpática. España es el mejor país de ayuda a los refugiados del mundo. Dios nos bendiga, nos proteja y nos dé vida, devoción, paciencia, constancia, determinación. Amén.

Gracias a Dios y a vosotros. *Ashadu -An- la ilaha ila lah Wa ashhadu anna Muhammadan sallam Alayhi -wa alaihi Wa sallam adujo Wa rasulu.* Amén.

El Parque Natural del Torcal, el castillo, la alcazaba, la real colegiata Santa María, el paseo real, los dólmenes de Menga y Viera, y la Peña de los Enamorados son un paraíso y son ambientes inspiradores, increíbles.

La señorita Marta, concejala de Juventud, nos ha enseñado a cuidar mejor nuestro medioambiente. Gracias a Dios y a vosotros. *Ashadu -An- la ilaha ila lah Ashadu-an - Muhammadan sallam Alayhi-Wa alaihi Wa sallam Abduh Wara Luhu.* Amén.

Los árboles del paseo Real tienen hojas con líneas directas a nuestros corazones. Somos una rama al final de la hoja, es un signo de vida. Es signo de suerte, con nuestros corazones. Somos los árboles del paseo real, final de la rama, dignos de vida, dignos de suerte.

Nuestros corazones están grabados sobre los árboles, en todos los parques mágicos de la ciudad y sus riquezas. Las raíces de la vida, de la suerte, de corazones. Al final de las raíces estaba la tierra. Los bosques vírgenes nos hablan y escuchamos nuestros corazones, nuestras oraciones. Tenemos un sonido profundo, con la lluvia del viento, cantábamos sobre el camino de nuestro parque mágico con las flores…

Somos miles de guerreros y guerreras que madrugan para darlo todo con amor desde nuestros corazones: trabajadores, servicios sociales, Cruz Roja, policías, guardias civiles, militares, profesores, bomberos, servicio sanitario. Gracias a Dios y a vosotros, *Ashadu -An- la ilaha ila lah Wa ashhadu anna Muhammadan sallam Alayhi -wa alaihi Wa sallam Abduh Wara Luhu.* Amén.

El miércoles 6 de diciembre de 2023 conmemoramos el aniversario de la Constitución española de 1978 con un homenaje en el salón de plenos del ayuntamiento de Antequera, con su excelencia Manolo Barón y su familia, las señoritas Victoria Ortiz Jiménez y Victoria Barón, y sus concejales, José Medina Galeote, Sara Ríos, Alberto, Marta, Ana Cebrián Jesús, Antonio María Sierras, Elena, Antonio Jesús, David Herrero, Paloma, María Rosales, Marian, Paco, Edu.

A las once de la mañana nos entregaron nuestros diplomas de acción de energías renovables.

Inicialmente hicimos un homenaje a nuestra bandera, una lectura simbólica de artículos de la carta magna y recordamos a todas las personas que perecieron por nuestro país.

Participaron la Policía local, Cuerpo Nacional de Policía, Guardia Civil, Ejército del Aire, protección civil y ciudadanos en general.

Fue un día especial, aprendí más sobre nuestra Constitución española. Fue muy bonito, hermoso, me alegró muchísimo por vosotros de corazón.

La entrega de los Efebos de Antequera de 2024 tuvo lugar el 28 de febrero, un día muy especial para nosotros, los andaluces.

Como acto principal, la entrega de trece reproducciones del Efebo en una fría Santa María que entró en calor con cada abrazo, con cada discurso, con cada gesto de cada uno de los reconocidos este año con la reproducción del bronce romano del siglo I.

Empezamos a las once, con la izada de nuestras queridas banderas por cada uno de los que recibirían el galardón, alzando las banderas de España, Andalucía, Antequera y la Unión Europea, mientras sonaban los himnos de la comunidad autónoma y del país.

Abrazos, enhorabuenas y terminamos. Entramos a la antigua Colegiata. Allí, la reproducción del Efebo presidía el acto junto a las cuatro banderas. Una mesa presidencial en el centro con su excelencia el alcalde de Antequera, Manolo Jesús Barón Ríos, su familia y sus concejales. Dos grandes macetones y otros dos centros de flores blancas adornaban el lugar con dos atriles, uno usado por el jefe de la prensa municipal, Pablo Javier Guerrero, que condujo el acto, y otro para las posteriores intervenciones.

Galardonaron y llamaron a cada uno para que recibieran el Efebo de manos de su excelencia el alcalde Manolo Jesús Barón Ríos y de un miembro del equipo de gobierno.

El primero fue el colectivo para el grupo folclórico Azucena, lo entregó su excelencia Manolo Jesús Barón Ríos junto a la teniente de alcalde Elena Melero. Lo recibieron Pablo de Campo Castillo, presidente, y Rosa María Bracho del Río, directora de baile, que fue quien habló. Ambos iban vestidos con el traje típico de Antequera.

El de cultura fue para Juan Francisco Castilla Torres, quien tendrá para un relato con todo lo sentido. Lo entregó el concejal José Medina Galeote.

El de deporte, para Pepa Sánchez Quintana, muy agradecida y emocionada al recordar a quienes no están. La acompañó el teniente de alcalde Juan Rosa.

El de inclusión fue para Luis Casero Vergara, que se lo ofreció a todos los voluntarios. Se lo dio la concejala Sara Ríos.

El de juventud fue para el juez Fernando Cuevas Carmona, que no pudo desplazarse y lo recibió su madre, María José Carmona, de manos de la edil Marta González.

El de la labor por la ciudad, para José Báez Ortigosa, que dio vida a colectivos vecinales de la ciudad, siendo entregado además por el teniente de alcalde Alberto Arana.

El de patrimonio fue doble, para José Jiménez Morente y para el grupo CEPER, Ignacio de Toledo, recogido por su representante, Mari Paz Alba. Fue entregado por la teniente de alcalde Teresa Molina y la concejala María Sierras.

Emociones con Alberto Alba Morales por el de popularidad, dado además por la teniente Ana Cebrián. Alba agradeció el apoyo de la gente y lo dedicó a su familia, en especial a sus padres.

El de servicios públicos fue para Julio Maqueda Macías, ofrecido por el teniente de alcalde Antonio García Mendoza. Compartió los inicios del cuerpo y la anécdota de don Luis.

El de trayectoria personal, para Juan Antequera García, quien evocó tantos años de trabajo en sus empresas y por colectivos de la ciudad. Lo acompañó el teniente Antonio García Acedo.

El de trayectoria profesional fue para Carmen López Montilla, quien agradeció tener en cuenta a las personas que trabajan por la ciudad. Se lo entregó la concejala Paqui Sánchez.

Y el de vida rural, para María Alarcón, que agradeció la distinción principal por acordarse de ella y la colonia de Santa Ana. Estuvo en la concesión el concejal José Manuel Fernández.

Cerró el acto su excelencia el alcalde Manolo Jesús Barón Ríos, quien felicitó a todos los galardonados. Se interpretó los himnos de Andalucía y de España con el templo puesto en pie para terminar el acto con fotografías de familia.

En este día tan especial aprendí más sobre nuestra cultura en Andalucía. Gracias a Dios y a vosotros. *Ashadu -An- la ilaha illallah Wa ashhadu anna Muhammadan sallam Alayhi -wa alaihi Wa sallam Abduhu Warasuluhu.* Amén.

Actividad del octavo aniversario de la declaración del sitio de los dólmenes de Antequera como patrimonio mundial de la UNESCO, celebrada el 12 y 13 de julio. Nos hemos dejado llevar y nos sumergimos en la historia con devoción y multitud de actividades que nos han brindado su excelencia el alcalde Manolo Jesús Barón Ríos, sus concejales y su equipo profesional.

Las luces y la música, con amor, paz y alegría, nos conectan naturalmente y nos hacen viajar a los lugares más hermosos del planeta. Nos encienden nuestros sentidos en un festival por el octavo aniversario de la declaración del sitio de los dólmenes como patrimonio mundial de la UNESCO.

Con el *video mapping* en la real colegiata de Santa María, cuesta San Judas, me enamoré de las luces que iluminaban el resplandor en nuestros corazones.

Aquí me he encontrado un infinito amor y tesoros en la villa romana de la estación. Antequera es mi sol, mi amor, mi cielo, un paraíso en mi corazón. Estoy viviendo la vida que siempre he soñado, sueños hechos realidad.

Gracias a Dios, a mis queridos y adorables padres, que sus almas descansen en paz. Amén. Gracias a Dios, *Ashadu la ilaha ilalah Wa ashhadu anna Muhammadan sallam Alayhi -wa alaihi Wa sallam Abduhu Warasuluhu*. Amén. Gracias a mi ángel de la guarda, mamá Inés, y a vosotros.

La señorita Rocío, María, Javi, Enrique, trabajadores y trabajadoras, los voluntarios y voluntarias de Prolibertas han solicitado la renovación de mi tarjeta de residencia en la oficina de extranjeros de Málaga. Me han renovado la tarjeta de residencia. La señorita Rocío de Prolibertas, el maestro Juan del Río, Álvaro y Manuela se pusieron muy contentos. Fui a recoger mi tarjeta de residencia en la policía, y la señorita Raquel me dio mi tarjeta.

Doy gracias a Dios y a todos vosotros y vosotras, ustedes son gente maravillosa. Han ocupado un lugar muy especial en mi corazón, estoy eternamente agradecido a todos los andaluces.

Todo el continente africano tiene un enorme respeto y admiración a los españoles. España nos ha dado mucho más de lo que podemos pedir.

En España hay monumentos a las víctimas que quedaron en el mar Mediterráneo, hombres, mujeres, embarazadas, niñas y niños que han muerto en el mar. Ellos no pueden volver con sus seres queridos. Oramos y pedimos a Dios por sus almas, que descansen en paz y que Dios los haga entrar en nuestro paraíso. Amén.

*Ashadu -An- la ilaha ila lah Wa ashhadu anna Muhammadan sallam Alayhi -wa alaihi Wa sallam Abduh Wara Luhu.* Amén.

Los marineros y las marineras, Salvamento Marítimo y la Cruz Roja Española nos salvaron, con mucho amor y alegría, devoción, paciencia, constancia, determinación y confianza plena en Dios. Había olas de más de doce metros y el viento era de hasta cincuenta kilómetros por hora. No dudaron en arriesgar sus propias vidas para salvarnos y ayudarnos.

Ustedes nos han dado mucho más de lo que podemos pedirles. Los españoles y las españolas nos enseñan una razón de vivir juntos, compartimos las culturas el Día Mundial de los Inmigrantes.

Estudiamos la lengua española, castellano, vocabulario popular andaluz. Los institutos, los colegios, la universidad y la biblioteca supramunicipal San Zoilo son centros de sabiduría, espirituales.

Gracias a Dios y a vosotros y vosotras, y a mi ángel de la guarda, mamá Inés, los débiles encuentran fuerzas para salir adelante. *Ashadu -An- la ilaha illallah Wa ashhadu anna Muhammadan sallam Alayhi -wa alaihi Wa sallam Abduh Wara Luhu.* Amén.

La biblioteca supramunicipal San Zoilo de Antequera está llena de energía positiva de sabiduría y espiritual para estudiantes y opositores. Sus libros son pozos de sabiduría, nuestra riqueza. Es nuestro lugar favorito, además la biblioteca es la mejor del planeta.

Antequera es el lugar donde llegué hace unos años y donde seguiré muchos años más, donde me siento un antequerano más, donde he podido ser el Rey Baltasar, para devolver un poco de lo mucho que me han dado las personas que conocido aquí.

He presentado mi primer libro, *Las fabulosas aventuras del Rey Baltasar*, en la biblioteca supramunicipal San Zoilo, en la sala Antonio Parejo Barranco.

Mi ángel de la guarda, mamá Inés, me dijo: «Chico del Euromillón 2024, siempre agradecido y honrado a la Peña de los Enamorados, tienes que estudiar y formarte, trabajar, hacer los exámenes y aprovechar el tiempo. Trabajar duro funciona. No podemos parar el tiempo, pero podemos no perderlo. Respiramos el tiempo, el presente es nuestro dueño. Tienes que alimentar la sabiduría, los mejores escritores del planeta están en la biblioteca supramunicipal San Zoilo del Ayuntamiento de Antequera».

Vivir bien es un arte en la Real Academia de Nobles Artes de Antequera.

Mi ángel de la guarda, mamá Inés, me dijo: «Haz todo eso para participar en Eurovisión 2024; no se trata de dónde vienes, hay que tener mentalidad de león, y si caes siete veces, levantarte un millón y seguir empujando hacia delante. Tienes que dar ciento veinte con un reloj, tienes ganas de viajar, conducir un buen coche y tener una casa y formar un hogar».

Cambiar la mente y cambiar tu destino. La verdadera victoria es ayudar a los demás. Dios nos pide que no nos rindamos y confianza plena. Gracias a Dios, *Ashadu -An-la ilaha ila lah Wa ashhadu anna Muhammadan sallam Alayhi -wa alaihi Wa sallam Abduhu Wara Luhu*. Amén.

«Las buenas cosas y las oraciones, las bendiciones, la prosperidad y la salud vienen tan solo siendo positivos, teniendo fe, devoción, paciencia, constancia, determinación, confiando plenamente en Dios. En la mayoría de ocasiones el sufrimiento es una preparación, y Dios lo permitió para lanzarte a un nuevo nivel de destino y que tus metas se hagan realidad. No te desanimes por lo que estás atravesando, afronta y lucha con valentía, coraje, fuerza, ten la mentalidad de león: a veces hay que trabajar duro, cueste lo que cueste, y no escuchar a los detractores. ¿Me has oído, chico del Euromillón 2024?». «Sí, mamá Inés». «¿Cuento contigo?». «Sí, cuenta conmigo, lo haré encantado».

Con sus consejos desde lo más profundo de su corazón, siento un respeto profundo a sus palabras, recuerdo a mis queridos y adorables padres, sus consejos inmensos hacen de mí un chico mejor.

No sabía ni leer ni escribir. Estudié, me formé, trabajé duro y empecé a escribir los libros, como para participar en Eurovisión.

Todos los sueños se cumplen. Los sacrificios tienen recompensa. No vivía en un castillo, pero Antequera me dio el título de rey Baltasar y me llamaron señor. Me han enseñado que venimos de los reinos del mundo.

El mundo nos necesita, somos la generación de la inteligencia artificial, la tecnología, las redes sociales, la más inteligente, increíble y valiente. El internet es el futuro, es el almacén del conocimiento. Cuando acariciamos a Diva podemos saber que el mundo está conectado. Con un ordenador somos capaces de hacer lo que queramos en cero coma.

Su excelencia el señor alcalde Manolo Jesús Barón Ríos me ha regalado: *Las iglesias de Antequera* y *Arqueología, arquitectura y otras cosas de Antequera* de José María Fernández, *Antequera en el siglo XVIII* de Antonio Parejo Barranco, presidente de la Real Academia de Nobles Artes de Antequera, Don Quijote de la Mancha, vols. I y II, de Miguel de Cervantes, y muchas cosas más. Me gustó muchísimo.

Los antequeranos, con los libros de sus excelencias Antonio Parejo Barranco, José María Fernández y Miguel de Cervantes, mi libro *Las fabulosas aventuras del rey Baltasar*, y los libros de la biblioteca supramunicipal San Zoilo, nunca nos sentimos solos. Tenemos que recordarlos a todos ellos.

Su excelencia el alcalde Manolo Jesús Barón Ríos y su familia, las señoritas Victoria Ortiz Jiménez, Victoria Barón, y sus concejales, José Medina Galeote, Sara Ríos, Alberto, Marta, Ana Cebrián, Jesús, Antonio García Mendoza, Pablo.

*El Sol de Antequera*: Antonio Jesús Guerrero, Daniel Herrera, Lorena Sánchez.

Onda Cero, *Más de Uno*: Antonio Jesús Palomo Domínguez, Edu, María Rosales y María.

La biblioteca supramunicipal San Zoilo: su excelencia el director Narciso Conde, Asun, Teresa, Beatriz, Carmen, Diego.

Mis profesores y mis maestros Fernando González Sánchez, Juan Antonio Jiménez, del taller de la escuela Acción Energía Renovables, en el centro de formación Henchidero, la directora Asun, Ana, Rocío, y Remedios, la administrativa.

Instituto Pedro Espinosa: mis profesores y profesoras, Ana, Teresa, Paloma, Miguel, Antonio, Rafa.

CEAR, Comisión Española de Ayuda a los Refugiados: Cristina Carmona Ruiz, Caridad, Miguel, Mahamani, Alba, Olga.

Prolibertas: Rocío, María, Javi, Enrique, los voluntarios.

El comedor social, Ángel, Laura, los voluntarios y voluntarias, madre Isabel y padre Luis, sanitarios, Cruz Roja, bomberos y policías, servicio social.

Editorial ExLibric: su excelencia Carlos Torres, y mis editores, Carlos, Cristina, Raquel Lara, María, Ismael, a todos los trabajadores y trabajadoras. Es el mejor equipo de profesionales, son muy especiales, amables, simpáticos, y trabajan con mucho amor, alegría, fe, devoción, paciencia, constancia. Es la mejor editorial del planeta.

Gracias a Dios y a todos los profetas, Jesús, Muhammad: *salla Alayhi -wa alaihi Wa sallam:Ashadu -An- la ilaha ila lah Wa ashhadu anna Muhammadan sallam Alayhi -wa alaihi Wa sallam Abduh Wara Luhu.* Amén.

Gracias a ustedes, su riquísimo andaluz nos ofreció a todos los escritores la oportunidad de realizar un gran sueño que nadie esperaba en nuestra carrera literaria. Gracias a Dios por confiar plenamente en nosotros.

La editorial ExLibric tiene unas maravillosas redes sociales y usa la tecnología moderna. Cada vez que voy a la editorial me enamoro de su trabajo. Son tan especiales, maravillosos y profesionales, es mi editorial favorita. Da muy buen trato a todos los clientes, estoy muy contento de tenerla como editorial, es la mejor del mundo.

Nos brindan diariamente alegría en nuestros corazones y hogares, amor, con sus obras sobre la cultura. Los sonidos, la música y los libros nos hacen viajar a otro planeta.

Cada vez que veo los paisajes fantásticos de Antequera compruebo que es un paraíso. Me enamoro de Onda Cero, *Más de Uno*, con su información.

Ustedes nos enseñan cómo usar mejor la tecnología moderna para protegernos. Han abierto sus hogares, las puertas de alegría. Son geniales, son gente maravillosa.

Gracias a Dios y a vosotros. *Ashadu -An- ila lah Wa ashhadu anna Muhammadan salla allahu Alayhi -wa alaihi Wa sallam Abduh Wara Luju.* Amén.

Gracias a las señoritas María José, Paula, el profesor Marco en La Salle Virlecha. A mis compañeros de trabajo, Álvaro, Manuela. La novia de Álvaro es Rocío.

A todos los hospitales, centros de salud, clínicas y farmacias. A los médicos, enfermeros, pacientes.

Fuimos a montar estores y cortinas, la separación de camas de los pacientes y unas pérgolas al centro de salud Limonar. Conocimos a la directora, Silvia, y a Inma, Andrea. Gracias por su amabilidad, su cariño, amor y ayuda. Nos abrieron las puertas de las consultas para terminar lo antes posible. Son profesionales con máquinas con las tecnologías modernas, y dan muy buen trato a los pacientes. Son gente maravillosa.

Andalucía nos cuida y da más vida, la mejor salud del mundo. Gracias a Dios y a todos los profetas, Jesús, *Muhammad salla allahu Alayhi -wa alaihi: Ashadu -An-la ilaha ila lah Wa ashhadu anna Muhammadan salla Alayhi -wa alaihi Wa sallam Abduhu Warasuluhu.* Amén.

Me complace aprovechar para saludar y felicitar por su cumpleaños a mi excelencia Manuel Jesús Barón Ríos. Teniente de alcalde de fiestas mayores, tradiciones y promoción del flamenco. El artista Jesús Calzada: El cartel de la Real Feria de Agosto de 2024, visión de las fiestas veraniegas.

En la ciudad donde nació el sol y la humanidad, con los dólmenes y la Peña de los Enamorados como referencia, el propio

Calzada ha protagonizado la presentación a la autora de la obra: un canto a la Real Feria.

Antequera es representada como un sol de historia en el entorno único y privilegiado del sitio de los dólmenes. El artista ha querido retratar la Real Feria con un sol humanizado, compuesto por un caballo, un torero, los brazos mostrando la pasión del arte del baile, un abanico y un capote con dos coronas, por Fernando VI y Carlos IV.

Ese astro surge sobre la ciudad, con la efigie de la Peña de los Enamorados a sus pies, flanqueada por las torres de San Agustín y San Sebastián, con la torre del homenaje del castillo.

Un cartel en una atmósfera de petaladas, como recuerdo de las madres y de la advocación mariana, las imágenes de pasión de cada una de las cofradías de la Semana Santa y la Virgen de los Remedios, a la que le dedicó su presentación.

Y como película para el futuro, todo expuesto con luces con el texto en carteles que recuerdan al teatro Cine Torcal en un azul neón.

La periodista Rocío Montó condujo el acto, celebrado en la noche del jueves 8 de agosto en el patio de San Juan de Dios. En presidencia, acompañando a su excelencia el alcalde Manuel Jesús Barón, la vicepresidenta de la Junta de Andalucía, Ana Corredera; la vicepresidenta de la Diputación, Toñi Ledesma; las regidoras entrante y saliente; María José Mazuela y Antonio Jiménez, y el pregonero Manuel Cortés. Interpretaron *Volver* de Carlos Gardel, *Lágrimas negras* de El Cigala, *Me quedo contigo* de los Chunguitos y *La leyenda del tiempo* de Camarón de Isla, y rindieron homenaje a Federico García Lorca.

Fueron muy aplaudidos, destacando el sabor local en el acto de presentación.

La regidora, amante de la feria, se declara una enamorada de su ciudad.

El pregonero, Manuel Cortés Sánchez, es un antequerano conocido por su implicación y colaboración en diversos ámbitos de la sociedad antequera, guardando una especial relación con la feria de Antequera. Hoy día, al estar jubilado, dedica tiempo al voluntariado en proyectos humanos de San Juan de Dios.

Miércoles 21, Paseo Real, 12:30: inauguración de la feria de día con la traca de inicio y degustación de vino de la bodega Cortijo Fuente.

Actuación del grupo local Son y Compás, ambientación musical de Dj Double P. A las 17:00, actuación del grupo local DR. Jones.

Patio del ayuntamiento de Antequera, a las 21:00: Pregón inaugural de la Real Feria de Agosto de 2024.

Concierto de Ma el flamenco.

Mi excelencia el alcalde Manuel Jesús Barón Ríos nombra oficialmente como regidora a doña María José Mazuela Báez. Posteriormente, D. Manuel Cortés Sánchez pronuncia el pregón e inaugura la Real Feria de Agosto.

Pasacalles de inauguración, con música y baile, con el siguiente recorrido: plaza San Sebastián, calle Infante Don Fernando, Alameda, avenida Andalucía, avenida Ángel Guerrero y recinto ferial.

Inauguración del alumbrado extraordinario en el recinto ferial, con música a cargo de Dj Fran Podadera y del grupo local Doyer Brand Cover.

Después de proceder al encendido extraordinario, celebramos el concierto de Merche. También actuó King África. IX Concurso

Nacional de Porra Antequerana, cuyos ingredientes son el pan, los tomates, el ajo, los pimientos.

Lunares, flecos y volantes en el paseo real, llenos de color y alegría, amor infantil, juvenil y adulto, y los trajes de flamenca y de corto.

Plaza de toros de Antequera, Real Feria de Agosto 2024: grandiosa corrida del arte del rejoneo. Andy Cartagena, Diego Ventura, Ferrer Martín. Tradicional corrida de toros goyesca: Morente de la Puebla, Curro Díaz, Cayetano.

Concurso de caballos y enganches y desfile. Itinerario: Corazón de María, paseo María Cristina, Alameda Andalucía, Infante D. Fernando, plaza San Sebastián, Encarnación, Calzada, Diego Ponce, Cantareros, Alameda de Andalucía, Puerta Estepa, paseo Cristina y Corazón de María.

«Día de la infancia»: Las atracciones de la feria tendrán precios populares el 21 y 25 de agosto. Estos días, entre las 20:00 y 22:00 horas, las personas con trastorno del espectro autista podrán disfrutar de una feria sin ruido.

Una feria segura es un ambiente maravilloso e increíble, inolvidable. Invitamos a participar y vivirla en persona. ¡Feliz Feria!

Dj Double. Panda de Verdiales San Gabriel de la Joya. Concierto: Paula Díez.

*Llave encantada*, de la compañía En la Luna Teatro Educación, música con el Dj Fran Podadera.

Los Rebeldes, Henry Méndez, Antonio José, Laura Gallego, Cantores de Híspalis.

Fuegos artificiales: plan seguro y de emergencia por fuegos artificiales y recomendación general.

1. Los fuegos artificiales y las celebraciones van de la mano, pero los fuegos artificiales pueden ser peligrosos y ocasionar graves quemaduras y lesiones en los ojos.
2. En nuestra feria, los fuegos artificiales se celebran a las 24:00 h del último día. No es necesario desplazarse a la feria, pues está próximo y es visible.
3. Debemos obedecer las instrucciones del personal de seguridad y organización del evento y respetar las barreras de seguridad. No hay que acercarse al lugar donde se están lanzando los fuegos. De hecho, la mejor vista de los fuegos artificiales es a cuatrocientos metros de distancia o mucho más allá.
4. En caso de sentirse mal (lipotimias, mareos) o sufrir alguna herida durante el espectáculo, acudir a los miembros de Protección Civil o asistencia sanitaria que se sitúan a lo largo de la barrera de seguridad o en el puesto de asistencia en el ferial.
5. Durante el disparo de los fuegos artificiales es bastante frecuente, si estamos situados en la dirección del viento, que caigan restos de cenizas. En caso de introducción en los ojos, conviene enjuagar con agua abundante y no restregarse.
6. Aunque es raro que ocurra, si un componente de fuegos artificiales cae al suelo sin explotar cerca de ti, no se debe tocar ni empujarlo con el pie, ya que se pueden reactivar y explotar. Hay que avisar inmediatamente al personal de seguridad del evento: Policía, Protección Civil, bomberos. Nunca manipular.

Muchas gracias. Viviremos otra feria inolvidable, por esas razones por las que nuestra Antequera es tan única: por nuestra feria veraniega y también por el deseo de adentrarse en nuestro patrimonio, nuestra cultura y nuestras tradiciones. Sirve como oportunidad de conocer más una ciudad cada vez más bella, más dinámica, más maravillosa, más amable, más cómoda, más admirada, más atractiva y más viva.

Real Feria de Antequera, del 21 al 25 de agosto de 2024. Que salga el sol para iluminar nuestras iglesias mezquitas.

Vivir en Antequera y disfrutar de sus fiestas tradicionales llena de bendiciones, amor, salud, prosperidad. Es el paraíso, llega directamente a nuestros corazones.

Mi ángel de la guarda, mamá Inés, y yo fuimos a la feria, al paseo Real: lleno de color, sabiduría, alegría, música, magia.

El flamenco suena en la mañana del paseo real gracias a los sagrados cantantes flamencos de nuestros antepasados, y por la noche, en el recinto ferial, la música flamenca nos hace conectar de forma natural, nos da energía positiva y nos hace enamorarnos naturalmente y viajar al paraíso, a los dólmenes de Menga y Viera, al Parque Natural del Torcal y a la montaña de la Peña de los Enamorados.

Se ven trajes de flamenca por toda la ciudad. Es la mejor feria del mundo. Las voces de los cantantes flamencos, como la de Paula Díez, cantaban desde su alma y su amor al flamenco. Paula Díez es la futura cantante de flamenco del mundo.

Sobre la pasarela del paseo real, un desfile de todo tipo de trajes de flamenca, llenos de colores y flores. Gracias a Dios, es la mejor feria del planeta. También desfilan todo tipo de caballos, es muy hermoso.

Mañana y tarde, en la ciudad religiosa, durante nuestra feria fantástica, cantamos y bailamos con los pies descalzos sobre las alfombras, llenas de color, alegría y trajes de flamenca.

Comimos porras antequeranas. Rápidamente, todos y todas regresamos a nuestras casas felices.

Gracias a Dios y a todos los profetas, Jesús, *Muhammad salla allahu Alayhi -wa alaihi Wa sallam: Ash Hadu-an -la ilaha illallah Wa ashhadu anna Muhammadan salla Alayhi -wa alaihi Wa sallam Abduhu Warasuluhu.* Amén.

La feria es un ambiente maravilloso y seguro, ha sido increíble. Crea inolvidables recuerdos para todas las generaciones de Antequera ciudad. Es la mejor feria del mundo. Gracias a Dios y a todos vosotros. Hemos sido felices en la feria.

La gente de España es muy amable, simpática, especial. Siempre tengo en mi corazón un lugar muy especial para todos vosotros y vosotras, respeto, adoración y amor inmenso.

La delegada territorial de Inclusión Social de la Junta de Andalucía, Ruth Sarabia, el teniente Alberto Arana y las concejalas Sara Ríos y María Sierras del Ayuntamiento de Antequera, Ángel Guerrero, los trabajadores y voluntarios, padre Luis y madre Isabel, y Laura.

Los voluntarios de Comida Social Antequera son el alma del comedor social de Antequera. Los voluntarios de la Asociación Casas de Asís: acción social, integrada para la solidaridad.

Ángel Guerrero, padre Luis, madre Isabel y Laura me enseñaron que la vida es un regalo, gracias a Dios, el más valioso que podemos tener.

Cuando ayudamos a los demás desde nuestro corazón, con alegría, amor, fe, devoción, paciencia y perseverancia confiamos plenamente en Dios. Cuando sonreímos el mundo nos sonríe.

Laura me ha enseñado que el dinero es solo una ilusión. Lo más importante en la vida no es el éxito ni el dinero, sino sentirse realizado, tener compasión por nuestra comunidad, el amor y la alegría que damos a los demás en Acción Social, integrada para la solidaridad. Laura me enseñó que cuando damos limosna, la mano de izquierda no tiene que saber lo que ha hecho la mano derecha.

En las casetas, Acción Social hace su trabajo con mucho amor, alegría, llenos de energía positiva y ambiente inspirador.

Dios ha sembrado su amor infinito y su misericordia. Oramos: Dios, te pedimos que nos des fuerzas, salud, amor y alegría, prosperidad y posibilidades de ayudar a los demás, que nos hacen los más felices del mundo. Gracias a Dios. Amén.

Después me fui con Laura a bailar al Malaje VIP. En la entrada estaban Koki, Menecio, Dj Castro, Gema, Daniel y todos los trabajadores, que son muy amables y simpáticos. Qué bien baila flamenco Laura, desde su alma.

Fuimos a comer un paponazo, Ángela, Eli, Antonio, María. Laura me dijo: «Eres el mejor poeta del mundo». «Muchas gracias por todo, tú también eres única, hermosa y valientes. Tienes un corazón de euro». «Igualmente».

Bailamos y bebimos, y le regalé una rosa. «Eres una caja de sorpresas». Escuchamos nuestros corazones, encontramos a las personas adecuadas en el lugar correcto, en el momento más oportuno. Nos sentimos muy felices en la mejor feria del mundo, celebramos nuestro amor, tan grande como desde lo alto de la Peña de los Enamorados hasta la punta de nuestros pies.

Muchas gracias por todo a la gente maravillosa de Antequera. Salud y bendiciones para todos y todas. España es el mejor país para la ayuda a refugiados del mundo. Estoy eternamente agradecido a Dios, a todos los profetas, a todos los andaluces. Gracias a Dios y a todos los profetas, Jesús, Muhammad *salla Alayhi -wa alaihi Wa sallam Ashhadu-an -la ilaha ilalah Wa ashhadu anna Muhammadan sallam Alayhi -wa alaihi Wa sallam.*

Antonio Carmona de Piobiem, bienmesabe más grande del mundo: 24,11 metros y cinco mil porciones. Lo han conseguido Piobiem y la Cofradía de Abajo el sábado 21 de septiembre en el paseo real. Somos realmente solidarios y solidarias. Los voluntarios y voluntarias son los motores de la Virgen de la Paz, han trabajado con mucha alegría, fe, devoción, amor, paciencia, constancia, perseverancia y determinación.

Padre José, Chupi, madre Milagro, Alba, Álex y Eli cocinando la paella tan rica con su equipo, y otros elaborando a mano el postre.

Han sido finalmente ochenta planchas de bizcocho, cinco mil huevos, ciento veinticinco kilos de cabello de ángel, ochenta kilos de azúcar, cuatro kilos de canela, cincuenta litros de almíbar y cien kilos de almendras.

Su excelente señor alcalde Manuel Jesús Barón Ríos ha sido una de las personas que han presentado el momento del récord superado, acompañado por el concejal de su equipo de gobierno. Música y baile: la señorita Maite, Paco, Trinidad, Lolita.

Mi ángel de la guarda, mamá Inés, me ha abierto su casa y me hace sentir uno más de su familia. El bienmesabe de Antequera, más grande y único, es el mejor dulce de la ciudad antequerana.

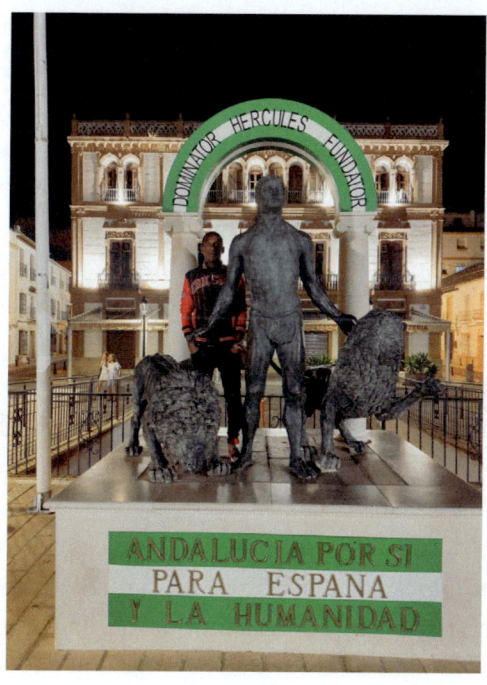

Antequera no es un lugar de paseo, es un club de leones. Antequera, verbena solidaria en la plaza de toros, patio del caballo, con mis queridos antequeranos, la princesa Lidia, Taly, Pilar, Juan Pablo, Víctor, Derroté, Ainhoa, Lourdes, María y padre, Paula, Diana, Macarena, amigas y amigos, con música y bebidas. Había un ambiente increíble.

En el vocabulario popular andaluz, el verde simboliza la esperanza y la unión; el blanco es símbolo de paz y diálogo.

Su excelencia Blas Infante (1885-1936), creador de nuestra bandera andaluza, con motivo de la llamada Asamblea de Ronda en 1918, señaló que el estandarte de la dinastía andalusí de los omeyas era verde, que el blanco era el símbolo del perdón entre los almohades.

La razón de la inclusión de Hércules procede del mito de que el héroe mitológico viajó a Eritrea, una antigua isla sobre la que actualmente se asientan las ciudades de Cádiz y San Fernando, donde vivió numerosas aventuras.

Los antequeranos votamos libres, sin miedo, a nuestra excelencia, el señor alcalde, Manuel Jesús Barón, del PP.

Llegaron por la mañana a la biblioteca supramunicipal San Zoilo el director Narciso Conde, Asun, Teresa, Beatriz, Carmen, Diego. Es nuestro lugar favorito, sus libros están llenos de sabiduría.

Llegaron los funcionarios, estaban sentados detrás de las mesas electorales. Pasamos uno por uno, presentamos nuestros documentos de identidad y luego caminamos a las cabinas de votación.

Ellos no dudaron en votar por su excelencia Manuel Jesús Barón Ríos.

Quedamos satisfechos cuando finalmente todos los antequeranos votaron por nuestro alcalde: el señor Manuel Jesús Barón.

Nos sentimos muy felices con sus opiniones, con su sabiduría, que había aportado trabajo con mucho amor y dedicación. Con su experiencia y su trabajo ayuda a los más necesitados.

Fuimos al cine de La Verónica, fue mi primera vez: quedé deslumbrado. Tantas luces me tambalearon un poco, había mucha gente. Compramos las entradas y palomitas y Coca-Cola. Cruzamos la entrada con dignidad, y después buscamos nuestra fila y los asientos y nos sentamos.

Qué emoción nacía de nuevo al ver una película tan hermosa: era *Titanic*. Ver gente maravillosa, luces hermosas, un barco grande, tan bonito, y disfrutar el amor verdadero. Confiar es bueno, enamorarse de la mujer ideal es bellísimo.

Escuchamos nuestros corazones. Ella es la persona adecuada. El cine de La Verónica es el lugar correcto, me vinieron recuerdos de los sacrificios inolvidables y de las oportunidades.

*Titanic* deja claro que el amor siempre triunfa: no hay fórmulas para el amor, el amor fluye solo. Somos una caja de fortunas.

*Titanic* nos enseñó que el amor es algo maravilloso. El cerebro es la conciencia, es inmenso. El teatro siempre está mostrando algo nuevo sobre el amor eterno.

Con *Titanic* hemos aprendido el código del amor eterno, es oír, ver, disfrutar cada momento, cuidarnos mutuamente.

Miré a derecha e izquierda, todos estaban silenciosos. Comimos palomitas y bebimos Coca-Cola. Estuvimos congelados en las mismas alturas, con la cabeza levantada hacia las imágenes tan especiales y hermosas. El verdadero amor llega sin avisar, en el lugar correcto y en el momento oportuno. Tenemos que estar abiertos al amor.

El amor todo lo excusa, todo lo puede. Todos esperan que surja un gran amor en mi vida. Confiamos en nuestros amores infinitos. Me llamo Mamadou Diallo, el chico del Euromillon de 2024. Gracias a Dios, desde nuestros corazones, cada uno representa el papel que le toca sobre amor, la esperanza, la fe, la devoción. Damos todo por el amor verdadero.

El cine, las redes sociales y los juegos, el fútbol, la inteligencia artificial, la tecnología, internet y los móviles, los ordenadores modernos… Realmente somos más inteligentes.

En la empresa Toldos Juan del Río y Marpa Decoraciones me dijeron:

—¿Cómo te llamas?

—Me llamo Mamadou Diallo, el chico del Euromillón de 2024, el príncipe azul eterno de la princesa Inés María Aranda Sierras.

—Pareces inteligente. ¿Sabes leer y escribir?

—Sí, maestro Juan del Río.

—¿Hasta dónde llegaste en clase?

—En mi país estudié hasta primaria, y en Andalucía estoy certificado en formación profesional en la escuela taller del Ayuntamiento de Antequera, el centro de formación Henchidero: Acción en Energías Renovables. Tengo el graduado en ESO en el instituto Pedro Espinosa. Tengo conocimientos de instalación solar térmica, solares fotovoltaicos, son muy parecidos a las instalaciones manuales y motorizadas de toldos.

—Vale, perfecto. Fabricamos toldos manuales, motorizados, cortinas, estores, separaciones de camas para los centros de salud y hospitales, pérgolas, y después los montamos en las casas de los clientes.

—Vale, perfecto.

—Este es tu compañero, se llama Álvaro, y la costurera es Manuela.

—Encantado.

Me enseñaron todo, conseguimos formar un buen equipo: Juan del Río, Manuela, Álvaro y el chico del Euromillón de 2024.

Fuimos a montar pérgolas en el hotel rural El Tempranillo, en Alameda. Paco, su madre, su hijo y los trabajadores y trabajadoras son gente maravillosa.

En el restaurante Cándida también montamos los toldos, y los trabajadores y trabajadoras son gente maravillosa.

Somos un equipo muy profesional y sólido, muy especial, trabajamos con mucho amor, fe, devoción, paciencia, constancia, perseverancia. Dominamos las técnicas de la instalación de toldos, pérgolas, estores, cortinas de separación de camas de los pacientes, manuales y motorizados, y del mantenimiento. Somos una familia del corazón.

Soy un superviviente que se ha convertido en el vocabulario popular andaluz de la biblioteca San Zoilo de Antequera. Gracias a Dios y a todos vosotros, y a los profetas, Jesús, Muhammad *salla Alayhi -wa alaihi Wa sallam, Ashhadu-an -la ilaha ilalah Wa ashhadu anna Muhammadan sallam Alayhi -wa alaihi Wa sallam Abduhu Warasuluhu.*

Desde el principio siento que los andaluces nos han dado posibilidades para siempre. Estaba seguro de que mis músculos responderían al esfuerzo que exige mi mentalidad de león. Me encontré en la cabeza entusiasmo, pero de repente mi respiración cambió, se volvió entrecortada por segundos. Yo confío en mis fuerzas, en mi mentalidad de león.

Mi ángel de la guarda, mamá Inés, me dijo: «Tienes que estudiar, formarte, trabajar y ser buena persona. El trabajo duro funciona», todo eso hay que hacer para participar en Eurovisión; me he dicho a mí mismo: «Voy a ganar Eurovisión».

Siento que voy a lograr estudiar, trabajar duro, estaré muy bien cualificado. Me decía que hay que aprovechar las oportunidades, que el tiempo es lo más valioso. No hay que perder el tiempo.

«No se trata de dónde vienes. Confiamos plenamente en ti, tienes corazón de león, eres educado, disciplinado, respetuoso, valiente, luchador, inteligente e increíble». Muchas gracias a todos los consejos de mi ángel de la guarda, mamá Inés. Dios te bendiga y proteja, y te dé vida, devoción, paciencia, salud y prosperidad. Amén.

Tengo que ser el primero, entonces me impulsé por el deseo de un imperio que ganar. Junté fuerzas, oraciones, paciencia, constancia, perseverancia y coraje para encontrar mi principal fortaleza, que es mi mentalidad de león. Corrí con la mirada fijamente en mis metas, me siento como si estuviera volando en el cielo, flotando entre las nubes con mi ángel de la guarda.

Mi ángel de la guarda, mamá Inés, me enseñó la disciplina, el mágico secreto para hacerse rico y millonario: «Invierte un euro en algo pequeño y recupera lo invertido. Y compra el doble, dos euros, e invierte en algo más grande. Recupera lo invertido y compra el doble. Donde dejes mi fortuna pídele que la guarde, pueden volver por ella. La idea es crecer poco a poco, ir creciendo». Realmente sus consejos y sus instrucciones me cambiaron la vida.

He caminado en la vida con devoción, paciencia, constancia, perseverancia, determinación, trabajando duro, y la disciplina realmente funciona. Gracias a Dios y a todos vosotros, a mi ángel de la guarda, mamá Inés, y a mis queridos padres, que sus almas descansen en paz y que Dios los haga entrar en nuestro adorable paraísos. Amén. Desde el día que nací, soy una luz de mis padres.

He descubierto un amor inmenso de Dios, el de mi adorable madre, su alma descanse en paz y Dios la haga entrar en nuestro paraíso. Amén. Simplemente no cabe en mi corazón, cuando habló de mi adorable madre el mundo se detiene, se desborda en cada palabra que decía. Le debo muchísimo. Dios te cuide en el cielo y te haga entrar en nuestro adorable paraíso. Amén.

Cada día, segundo y minuto veo mis pasos, mis éxitos y mis primeras palabras son decir gracias a Dios, a mi madre, a los profetas Jesús, Muhammad, *salla Alayhi -wa alaihi Wa sallam, Ashadu-an -la ilaha ilalah Wa ashhadu anna Muhammadan, salla Alayhi -wa alaihi Wa sallam Abduhu Warasuluhu,* por darme la vida, devoción, paciencia, constancia, perseverancia, determinación y salud y prosperidad.

Recuerdo en cada momento a mi adorable madre, que cocinaba las patatas, un regalo de Dios en la naturaleza. Las cosas pequeñas nos hacen felices. La comida nos hace felices, la cocina de nuestra madre cuando éramos niños y niñas nos hace felices.

Tengo un enorme respeto hacia mis adorables padres. Cuando hablo de mi adorable mamá el mundo se detiene. Oh, mamá, con tu amor inmortal, alegría, paz, me llevaste sobre tus espaldas, me alimentaste, me diste mis primeros paseos, me abriste los ojos por primera vez a los prodigios de la tierra. Pienso en ti, mamá, en cada palabra y cada momento en el desierto del Sáhara y en el mar Mediterráneo dentro de la patera. Pienso cada momento, segundo y minuto en ti, mi adorable mamá, en cada sueño hecho realidad.

Mamá, enjugaste mis lágrimas, alegraste mi corazón, y me enseñaste la disciplina de ser profesional y una buena persona y ayudar a los demás. Me enseñaste que cuando ayudo a los demás, Dios me ayudará para siempre. Me decía: «He dado todo por amor desde mi corazón».

La gente se reía de nosotros, pero no me importaba, porque tu querido padre era pobre, pero tenía algo más valioso, teníamos nuestro amor desde nuestros corazones. Y tenemos la mentalidad de león, nunca nos rendimos y nunca hemos renunciado a nuestros amores infinitos. No se trata de ser rico o pobre, lo que cuenta es tener un buen corazón. Realmente cuando amas a alguien lucha por ellos.

El día que nací me dieron el sentimiento de nuestra vida, fe, devoción, paciencia, determinación, confianza plena en Dios y su misericordia. Ese día tan especial vi una luz tan enorme, llena de amor, alegría, sabiduría, respeto y disciplina.

«Mamadou Diallo, sea valiente, luchador y educado, disciplinado. Respecto a estudiar duro y trabajar duro, funciona. Ayudar a los demás desde nuestro corazón lo hemos hecho siempre. Tienes algo especial: lo que decía mi adorable mamá, mi querida mamá, tu abuela, ha predicado sobre ti».

«Mamadou Diallo, cuando encamines tu vida, tu destino te dará el sentido de tu vida: amor, fe, devoción, paciencia, constancia… Eres muy especial, has venido del reino más maravilloso. No olvides que te hemos dado el mismo nombre del profeta Muhammad *salla Alayhi -wa alaihi Wa sallam, Ashhadu-an -la ilaha ilalah, Wa ashhadu anna Muhammadan Abduhu Warasuluhu*».

«Dame tus manos, te daré las bendiciones que Dios me ha dado, las bendiciones de todos nuestros adorables familiares, que sus almas descansen en paz y Dios los haga entrar en el paraíso. Amén».

*Ayala ta kursi*: el nombre de Dios, el compasivo, el misericordioso. Mi adorable madre decía que no hay más Dios que él, el siempre viviente subsistente. Ni el sueño lo alcanza. A él pertenece todo lo que hay en los cielos y todo lo que hay en la Tierra, que está allí para interceder ante Él excepto con su permiso.

¿Él sabe qué? Lo que hay delante de ellos y lo que está detrás de ellos, y no abarcan nada de su conocimiento excepto lo que Él quiere que su trono abarque. Él no desea preservarlos.

Él es el altísimo, el grande. Tres en todo mi cuerpo.

El socorro.

En nombre de Dios, el compasivo, el misericordioso. [¡Oh, Mujámmad!] Cuando llegue el socorro de Dios y la victoria,[1] y veas a la gente ingresar en masa a la región de Dios. Glorifica alabando a tu señor y pide su perdón, Él es indulgente; tres veces en todo mi cuerpo.

El monoteísmo puro: tres veces en mi cuerpo.

En el nombre de Dios, el compasivo, el misericordioso. Di: «Él es Allah»[3], uno. «Al-lah es el absoluto», cuatro. «No engendró ni fue engendrado. Y no hay nada ni nadie que sea semejante a Él».

El amanecer: tres veces en mi cuerpo.

Es nombre de Dios, el compasivo, el Misericordioso. Di: «Me refugio en el señor del amanecer, de todo el mal que existe en lo que Él creó, del mal de la oscuridad de la noche cuando se extiende, del mal de las [hechiceras] sopladoras de nudos[1], y del mal del envidioso cuando envidia».

Los seres humanos: tres veces en mi cuerpo.

En nombre de Dios, el compasivo, el misericordioso. Di: «Me refugio en el señor de los seres humanos, el rey soberano de los seres humanos, en el [único] Dios de los seres humanos, de la maldad del [demonio] susurrador que huye [cuando el nombre de Dios es mencionado]. Que susurra en los corazones de los seres humanos, y existe entre los yines y entre los seres humanos».

Mi adorable mamá, enjugaste mis lágrimas, alegraste mi corazón, superando mis caprichos con paciencia, fe y devoción a Dios.

Mi adorable mamá, en este momento sería capaz de traerte aquí a España y dar todo lo que tengo para salvarte la vida, para dar un poco de lo muchísimo que me diste con infinito amor y me cuidaste.

Ahora daría todo para cuidarte, para que vieras la vida que soñaste, verme triunfar en la vida, con fe y devoción. Verme con mis diplomas, mi trabajo, mis libros, *Las fabulosas aventuras del rey Baltasar* y *El chico del Euromillón 2024*.Vestido con trajes, hablando delante del público y en la televisión. Me gustaría estar cerca de ti y volar desde la Peña de los Enamorados.

En el cielo seré otra vez un niño que duerme a tu lado. Despertaré sin pena, lleno de energía positiva, amor y alegría. Mis pensamientos siempre se dirigen a mi adorable madre. Siempre vivirás en mi corazón, tu amor increíble e inmortal. Gracias a Dios por darme la vida.

Gracias a todos los que hicisteis por mí tan lejos, en la tierra prometida de Dios, Antequera, y tan cerca de ti. Mi adorable mamá es una estrella que brilla en el cielo. Le pido a Dios que te cuide en el cielo y te haga entrar en nuestro paraíso. Amén.

Te extraño mucho, te amo, mamá. Lloro cada día por mi madre.

Soy un buen estudiante, trabajo y escribo. He encontrado a gente maravillosa, antequeranas y antequeranos, y un ambiente inspirador, increíble. Me abrieron sus puertas y sus amores infinitos y corazones. Me respetan, me adoran y me quieren de verdad. Somos una familia de corazones. Ellos me han dado todo, los siento en mi vida.

Me enseñaron que nunca dudase de mi potencial, que escribiera mi destino con amor, alegría, sabiduría, respeto, admiración, devoción, paciencia, constancia, determinación. El presente es nuestro dueño, hay que vivir cada momento.

No importa en qué situación te encuentres, puedes tomar decisiones que cambien tu vida. Siempre será una de las mejores armas enfrentar todas las circunstancias de la vida llenas de adversidades, usar a tu favor todas las dificultades.

Las personas retroceden solo para dar e iluminar la mente con energía positiva. Ir a mayor velocidad a la búsqueda de sus más grandes anhelos.

Nunca perderemos la comunicación con nuestros padres, ellos también son seres humanos, tienen derecho a equivocarse. Todos lo hacemos. Recordemos que ellos nos aman a pesar de todo. El amor de nuestros adorables padres no conoce límites.

Gracias a Dios y a vosotros por escucharme.

Enseñamos a quienes quieren invertir, compramos el doble y recuperamos lo invertido. No solo económicamente, sino también de forma emocional. Confiar es bueno, servir a mi ángel de la guarda, mamá Inés, me llena de emoción. Vivir es bellísimo.

Limitamos las cosas esenciales.

Me dijo: «Dios, ¿sabes lo que es bueno para el mundo? A veces es más fácil perdonar a un enemigo que a una persona que te traiciona».

Hay que afrontarlo con fe, confiando plenamente en Dios. Después de todo eso, las buenas personas sufren, no podemos huir del dolor, si no viviremos con el dolor. Vamos a estar bien, Dios está ahí para sostenernos, y nos hará invencibles.

Cuando esto pasa, los que te han hecho tanto daño darán cuenta ante Dios. Nos han puesto más fuertes de lo que somos.

Los profetas Jesús, Muhammad: *Salla Alayhi -wa alaihi Wa sallam Ashadu-an -la ilaha ilalah Wa ashhadu anna Muhammadan salla Alaihi -wa alaihi Wa sallam Abduhu Warasuluhu.* Ellos han demostrado al mundo que vienen de los mejores reinos, Dios no los abandonó, los quiere muchísimo.

Lucharon con amor, fe, devoción, paciencia, constancia, determinación. Confiaron en la misericordia y los amores infinitos de Dios. Y nos enseñaron a perdonar. El mundo brilla con colores vivos.

Nos enseñaron que somos iguales delante de Dios, que debemos tener compasión y ayudar a los demás desde nuestro corazón. Nos enseñaron a no juzgar a los demás, para no ser juzgados; a perdonar a los demás.

Dios nos bendiga, nos proteja y nos dé larga vida, salud y prosperidad. Oramos y pedimos a Dios todopoderoso que nos haga entrar en nuestro paraíso a todos. Amén.

Nos enseñaron a no vengarnos de nadie: «ojo por ojo», el mundo acabará ciego. Nos dijeron que la venganza es un capricho, nada más. Después, los malos hechos mueren en instantes, sin dolor.

Hay que perdonar a los demás, desde nuestro corazón. Dios nos perdona y nos hará entrar en el paraíso. Gracias a Dios. Amén.

La educación, el respeto y el amor crecen sin miedo.

Fuimos al *pub* Le Bistrot, es el mejor. Está en la calle San Agustín, es el número 10. *Bistrot*, mi bella *bistrot*.

Bar, discoteca y juegos, son los mejores. Tienen todo tipo de chupitos, bebidas y toda clase de música. Son muy profesionales en el servicio al cliente. Agustín, Carmen, Desirée, todos los trabajadores.

Bailamos, cantamos y brindamos en todos los eventos. Disfrutamos la vida en Le Bistrot, la noche era joven. Nos ofrecía un buen precio a todos los clientes por igual. Le Bistrot es el mejor *pub*-discoteca del mundo. Su música, baile, sus productos nos llevan a lo alto de la Peña de los Enamorados.

Nos respetaban, eran muy cariñosos en Le Bistrot. Nos enamoramos de sus productos, de su gente maravillosa, del ambiente inspirador y de sus redes sociales, WhatsApp, Instagram, Facebook. Desirée, la seguridad, nos decía: «Ustedes están en su casa». Disfrutamos los chupitos en grupo. Era tiempo valioso con mi gente maravillosa de Antequera. Le Bistrot es un lugar lleno de energía positiva, mágica, genial. Sus gentes son las estrellas y nos hacen más felices. Es un lugar magnífico.

Fuimos al puerto de La Caleta de vacaciones. Había yates, hoteles, restaurantes, heladerías... Llegamos por la mañana al hotel. Eran lugares bonitos y enormes, disfrutamos mucho.

Por la mañana dimos un paseo a la playa, y después mojamos los pies descalzos en el agua. Nos dio energía positiva.

Después fuimos a comer un helado, y pedimos turrón y vainilla, lo mejor del mundo. Regresamos al hotel y nos dirigimos al restaurante para almorzar, que era amplio, estaba decorado con cuadros e iluminado, y tenía relucientes sillas y mesas con manteles.

Mi ángel de la guarda, mamá Inés, y yo pedimos la carta del menú. Ella decía: «Mamadou Diallo no come carne de cerdo. Por favor, no le pongáis». «Vale, señorita, muchas gracias por avisarnos. Es un placer».

Antes de comer: «El nombre de Dios, el compasivo con toda la creación, el misericordioso con todos los creyentes. Buen aprovecho, mamá Inés».

Comimos muy bien, gracias a Dios y a todos los profetas. Mi tutora estaba feliz y contenta de tener a toda la familia unida. Con una bonita sonrisa, fantástica, contemplando un lugar muy bonito. Escuchamos nuestros corazones: «Es la persona adecuada, el lugar correcto en el momento más oportuno».

Después hicimos una actividad en barco, brindamos por la salud y el bienestar.

La velada estuvo llena de bailes, sonrisas y miradas hacia el atardecer en el mar. El viento nos acariciaba las orejas. Somos ángeles de la guarda para siempre.

En el barco respiramos aire fresco. Cerramos los ojos y cayeron nuestras lágrimas. Dejamos que volvieran los recuerdos. Luchamos contra ellos, sin miedo, en nuestras mentes.

El barco estaba lleno de energía positiva, magia. Pasamos la noche en vela, no más, silencio, llegaste a mi vida ante mi desesperación y con miedo a sobrevivir solo. Ahora no hay vuelta atrás. Siempre agradecido.

Desde que te conocí, mis días son más seguros y maravillosos. El mundo se detiene cuando hablo de mi ángel de la guarda, mamá Inés, siempre velando por mi futuro.

Apareciste en mi vida. Gracias a Dios y a todos los profetas, Jesús, Muhammad, *salla Alayhi -wa alaihi Wa sallam, Ashhadu-an -la ilaha ilalah Wa ashhadu anna Muhammadan salla Alayhi -wa alaihi Wa sallam Abduhu Warasuluhu.*

Veo tus ojos brillantes con una estrella y tu sonrisa en el sol. Toda la bondad de tu mirada fijamente en mis ojos. Alegría, sabiduría, respeto, admiración.

Apareciste en mi vida. Hemos tenido tantos logros en la Peña de los Enamorados. Nuestros corazones están latiendo sobre las piedras preciosas de los dólmenes de Menga y de Viera, del Parque Natural del Torcal, de la Peña de los Enamorados, que nos guía hacia los amores de verdad.

Estamos en las alturas de la Peña de los Enamorados, el tiempo es mejor.

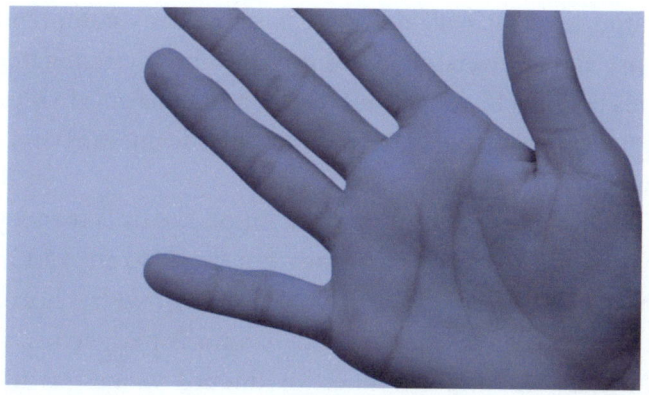

Me enseñó que en las palmas de mis manos tengo una marca única: la letra M. «No es casualidad: tus adorables padres te llamaron Mamadou Diallo, tienes el mismo nombre de los profetas, Jesús, Muhammad: *salla Alayhi -wa alaihi Wa sallam Ashhadu-an -la ilaha ilalah Wa ashhadu Anna Muhammadan salla Alayhi -wa alaihi Wa sallam Abduhu Warasuluhu*».

Le di un beso. Me acordé de mi querida mamá, de sus palabras, de su amor, de cómo me educó y cuidó. Me decía: «Tienes algo muy especial, el día que naciste vi una luz que iluminaba desde del cielo hacia mí. Era el ángel Gabriel, mi corazón. Gracias a Dios por darme un hijo y darnos el sentido de nuestro amor y nuestra vida».

El tiempo es mejor con paciencia, constancia, perseverancia, determinación, devoción a Dios. Gracias a Dios, no amanece antes de su tiempo.

Empezamos a llorar. «Ay, mamá, mi adorable mamá».

He caminado en mi vida con devoción, fe, paciencia, determinación. He descubierto realmente quién soy. Gracias a Dios. Es una fortaleza conectada, la única, que va más allá. Te permitirá sentir más allá de las cinco oraciones y comprender el presente en el universo que nos rodea, como si estuviéramos en sintonía con una frecuencia mayor. Tenemos una guía más valiosa.

Puedes manifestar en diversos ámbitos de nuestros corazones y vidas en la tierra prometida.

Equilibramos nuestros pesos, el limón nos da la fuerza y una buena comida nos aclara para irnos. Un aperitivo en el estómago nos hace sentir mariposas, el chocolate activa nuestras hormonas de la felicidad, vemos la vida desde la misma perspectiva.

Nuestras mentes son nuestros dueños y nuestras fuerzas. Nuestra fuerza de mentalidad está siempre mostrando algo más maravilloso y nuevo. Gracias a Dios y a todos los profetas, Jesús, Muhammad *salla Alayhi -wa alaihi Wa sallam Ashadu-an -la ilaha ilalah Wa ashhadu Anna Muhammadan Abduhu Warasuluhu*. Tenemos valor y un corazón enorme. Somos más fuertes, campeones. Representamos la fe, y las cualidades de nuestros corazones son fantásticas.

Estuvimos hablando el vocabulario popular andaluz. Tenemos cuerpo de premio, con los perfumes del amor de la Peña de los Enamorados.

Leímos la Biblia, el libro sagrado del Corán. *La Ilaha, Ila Lah*: nos llevarán a otro mundo, al séptimo cielo, a nuestro paraíso. Es la palabra más importante que podemos decir, para ganar con alegría el paraíso.

Amamos la vida, los antequeranos somos los mejores. Ayudamos a los demás en Ucrania y Gaza, y salvamos vidas y trabajamos contra reloj. Somos los mejores héroes, salvamos vidas, es nuestra verdadera victoria.

El aire fresco que respiramos en la Peña de los Enamorados es todo verdad, nos hundimos en ella como un sueño hecho realidad. Sabemos que la muerte es real y sagrada, pero la vida sigue. Tenemos un largo camino.

Tenemos delante la Virgen de la Peña de los Enamorados, he encontrado la voz angelical de la princesa Inés María Aranda Sierras. Gracias a Dios por todo, y a vosotros. Respeto, adoración, prosperidad, salud y bendiciones para todos.

Soy una flor que crece en el jardín.

Es nuestro destino, somos patrimonio mundial, somos valientes y luchadores. Somos la estrella que brilla más. Somos un tesoro que cayó desde el cielo.

Siempre tengo en un lugar muy especial de mi corazón, con respecto y admiración, a todos los antequeranos.

Mi ángel de la guarda, mamá Inés, es una bella recompensa que cada día es más importante en mi vida.

Gracias a Dios, tenemos dos superpoderes: nuestra mente y el amor. La vida y el amor nos dan energía positiva. El sentido de la vida es nuestro dueño.

Viviremos muy felices en la ciudad de Antequera, con los dólmenes de Menga y Viera, el Parque Natural del Torcal, el agua del manantial, y la Peña de los Enamorados. Gracias a Dios y a todos vosotros, a los profetas, Jesús, Muhammad, *salla, Alayhi, -wa alaihi, Wa, sallam, Ashadu-an, -la, ilaha, ilalah, Wa ashhadu Anna, Muhammadan, Abduhu Warasuluhu.*

Somos los mejores, somos patrimonio mundial, somos valientes y luchadores. Hablamos orgullosamente andaluz, y nuestros hogares están construidos con las piedras preciosas de Menga y Viera, del Parque Natural del Torcal y de los cimientos de la Peña de los Enamorados. No somos un lugar de paso, Antequera es tu destino.

Antequera, ciudad religiosa. Biblia, alcazaba, real colegiata de Santa María y las mezquitas. El libro sagrado. España es el mejor país para ayudar a los refugiados del mundo.

Estamos en lo alto de la montaña simbólica del amor, la Peña de los Enamorados. Gracias a Dios y a todos los profetas, Jesús, Muhammad *salla Alayhi -wa alaihi Wa sallam, Ashhadu-an -la ilaha ilalah Wa ashhadu Anna Muhammadan salla Alayhi -wa alaihi Wa sallam Ashadu-ana Muhammadan salla Alayhi -wa alaih Wa sallam Abduhu Warasuluhu.*

Gracias a Dios, por su alma llena de amor infinito de Dios y sueños, llena de bondad, fuerza y perdón. Hemos visto el coraje y las esperanzas de nuestros amores infinitos.

A pesar de las mañanas heladas, los mediodías son ardientes. Las tardes sin estrellas, en la Peña de los Enamorados.

Hemos elegido el lugar correcto en el momento más oportuno. Bailamos, nos besamos, nos abrazamos y disfrutamos de nuestro amor verdadero y eterno.

Decía *La Ilaha -Ila -Lah*: Es nuestra llave para entrar en nuestro paraíso. Gracias a Dios y a todos los profetas, Jesús, Muhammad *salla, Alayhi, -wa, alaihi, Wa sallam, Ashhadu-an, -la, ilaha, ilalah, Wa, ashhadu Anna Muhammadan salla, Alayhi, -wa, alaihi, Wa sallam Abduhu Warasuluhu.*

Dios nos bendiga, nos proteja y nos haga entrar en el paraíso al lado de los profetas, Jesús, Muhammad, *salla, Alayhi, -wa, alaihi Wa, sallam, Ashhadu-an, -la ilaha ilalah Wa ashhadu Anna Muhammadan, salla, Alayhi -wa alaihi Wa sallam Abduhu Warasuluhu.*

Tengo un lugar muy especial, gracias a Dios, en mi corazón para todos los antequeranos. Estoy eternamente agradecido a todos los andaluces y la gente maravillosa de Antequera. España es el mejor país para la ayuda de los refugiados del mundo, gracias de corazón por todo.

En primer lugar Dios en todo lo que hagamos. Todo lo que ven en mí es gracias a Dios. Mis queridos y adorables padres, que sus almas descansen en paz y Dios los haga entrar en el paraíso. Amén.

He recorrido el mundo, he hablado frente a un millón de personas en la biblioteca supramunicipal San Zoilo de Antequera, y en Onda Cero, *Más de Uno*. Lo más importante es que el éxito que tengo lo conseguí trabajando duro, que funciona.

Todos pueden leer la Biblia, el Corán.

Mi ángel de la guarda, mamá Inés, me da siempre consejos para conseguir hacer un sueño realidad: «Tienes que soñar a lo grande, y si te caes siete veces, levántate un millón de veces. No se trata de dónde vives, hay que tener mentalidad de león: hacerlo todo para participar en Eurovisión».

Cuando conseguimos nuestras metas ayudamos a los demás. He sido protegido por Dios en todo momento de mi vida, en el desierto del Sáhara y en el mar Mediterráneo, y he sido guiado, corregido, disciplinado.

Manteniendo a Dios en mi vida, con amor, fe, devoción, paciencia, constancia, determinación, me he mantenido humilde. Siempre estaré con Dios cada segundo y minuto, en cada paso que dé en mi vida.

Todos tenemos diferentes talentos. Algunos de ustedes son médicos, abogados, alcaldes, concejales, científicos, profesores, predicadores, enfermeros, policías, militares, trabajadores sociales, empresarios en general. Podemos alcanzar cualquier sueño, pero debemos trabajar duro para conseguirlo.

Cuando lo alcanzamos, debemos ayudar a los demás, con amor, fe, devoción, paciencia, constancia. No solo aspiramos a sobrevivir en esta vida, aspiramos a ayudar a los demás para marcar la diferencia.

Mis agradecimientos a mi excelencia el alcalde Manuel Jesús Barón Ríos, y su familia, las señoritas Victoria Ortiz Jiménez y Victoria Barón, y sus concejales, José Medina Galeote, Sara Ríos, Alberto, María, Jesús, Antonio García Mendoza, Pablo José, Manuel de Recursos Humanos. Antonio Guerrero, Daniel Herrera, Lorena Sánchez.

Que salga el sol por Antequera para iluminar nuestros corazones.

Gracias a mi editorial, ExLibric, y al director, Carlos Torres, y todos los trabajadores, Carlos, Cristina, Raquel Lara, María.

Onda Cero, *Más de Uno,* Antonio Jesús Palomo Domínguez, María Rosales, Paco, María, Cristina Gil, Sandra Pérez, Antonio Pavón, Modesto Barragán.

Gracias a Toldos Juan del Río y Marpa Decoraciones, los mejores instaladores de protección solar manual y motorizada.

A María José, Paula, Manuela, Álvaro, Rocío y el profesor Marcos de La Salle Virlecha.

Mi agradecimiento a la biblioteca supramunicipal San Zoilo de Antequera, al director, Narciso Conde, y a Asun, Teresa, Beatriz, Carmen, Diego.

Gracias a mis profesores de Pedro Espinosa, Anna, Rafael, Miguel, Antonio, Teresa y Paloma, y a los profesores de Acción

Energías Renovables, Remedios, Asu, Ana, Rafael, Encarni, Fernando González Sánchez, Juan Antonio Jiménez y sus familiares. También gracias a CEAR (Comisión Española de Ayuda a los Refugiados): Cristina Carmona, Andrea, Miguel, Mahamani, Olga, Alba, Caridad, Daniel. Y a Prolibertas: Rocío, María, Javi, Enrique y los voluntarios y voluntarias.

Y, por último, gracias a los voluntarios y voluntarias del comedor social, Ángel, Laura, madre Isabel y padre Luis.